両親の送り方

死にゆく親とどうつきあうか

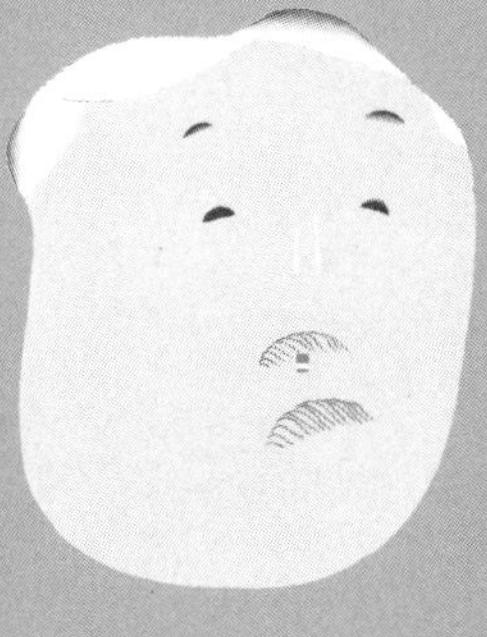

宮子あずさ
Miyako Azusa

さくら舎

はじめに

私は昭和三十八（一九六三）年六月生まれ。五十三歳です。仕事は看護師で、いまは精神科病院で訪問看護の仕事をしています。看護師になったのが昭和六十二（一九八七）年なので、かれこれ三十年近く看護師をしていることになります。

看護師として働くかたわら、私は自らの体験を著述し、発表する機会に恵まれました。テーマは大きく分けて二つあり、ひとつは仕事としての看護に焦点をあてたもの。そして、もうひとつはかかわった患者さんの事例をもとに考察を加えたもの。書くことで思索を深め、感情を整理し、看護という仕事をより深く味わってきたことに感謝しています。

このように、看護と著述の二つの仕事のほかに、私には長らく格闘してきたもうひとつの仕事がありました。それは両親の娘である、という仕事です。この仕事は、看護と著述のように、職業にはなりえません。けれども、生まれてこのかた五十年近くのあいだ、私が心血を注いできた大事な仕事でした。

先に父を、年月をおいて母を見送り、両親がこの世を去って四年以上の年月がたちました。この間、同世代の友人も親の介護や看取りに直面しています。いろいろ話を聞くにつけても、私の場合、看護師としての体験があったからこそできたことも、多々あった。これがいかに幸運だったかを学びました。

これからそうした事態に直面する人のために、介護と看取りにまつわる私の体験を、なるべく具体的に伝えよう。これが、この本のもっとも大きな目的です。

親子の関係はひとつとして同じ関係はなく、それぞれにかけがえのないものです。一方で、独自の関係をめざしても、似たり寄ったりになってしまう、宿命的な窮屈《きゅうくつ》さもあるのではないでしょうか。

私の両親は時流に乗らないあまのじゃくで、私と両親の関係には、私たちならではの自由さがありました。その一方で、しょせん昭和の日本の親子。そんな側面も抜きがたく、さまざまに葛藤《かっとう》した日々を、いまは懐かしく思い出しています。

昭和一桁《けた》生まれとしては個性的だった私の両親ですが、いまなら当時ほど目立たないのではないでしょうか。むしろ、個性的であることが普通になりつつあるいま、「個性的な親」を見送った私の体験が、多少なりともお役に立つかもしれません。

そして、親を見送ったいまあらためて思うのは、「親の次は自分だ」という事実。これまでは親の存在の向こうにほんのり見え隠れしていた自分の老いと死が、その死とともに、全速力で近づき、ぴたりと私に寄り添っているのが、よくわかります。

親を見送った先に見つけた、私自身の老いについて書きたい。これがこの本を書いた、もうひとつの目的です。親の老いの次は、いよいよ自分自身の老い。いよいよ人生正念場に入ってきたな。そんな気持ちを綴《つづ》ってまいります。

宮子《みやこ》あずさ

目次◆両親の送り方——死にゆく親とどうつきあうか

はじめに　1

第一章　死ぬのも死なれるのも未体験

死をどのように迎えるか

生き死にの選択はさまざま　14
デリケートな問題を扱えない病院　16
「親は冥途《めいど》の壁」　19

あきらめの達人だった父の死

父を見送った「喪主《もしゅ》挨拶《あいさつ》」　23
どこか人生を降りている　28
「転ぶくらい弱ったら、もう助からないんだよ」　31
最期のときは予測できない　34

最後まで生ききった母の死

長く複雑な病歴　37
膠原病《こうげんびょう》／慢性肺気腫《まんせいはいきしゅ》／大腸《だいちょう》がん／慢性骨髄性白血病《まんせいこつずいせいはっけつびょう》
「財布と子どもはあなたに全部預けます」　42
母の若き伴侶《はんりょ》・みっちゃん　46
支援者に恵まれた母　48

第二章　老いと病は親を変える

親と子の立場が逆転するとき

親子の関係は親の死後もつづく　52
話題は食と排泄《はいせつ》のことばかりに　55
母に怒ってばかりの鬼娘　57

老いと病気で衰《おとろ》えていくパターン

アクシデントを機にガクンと衰える　61

肺炎《はいえん》とともに悪くなる呼吸機能　63
とどめは慢性骨髄性白血病　65
アクシデントは防げるか？　67

行動的な親ほどまわりは大変

酸素を引いて地方講演にもデモにも行く母　70
出かけるための準備と支援　72
「あなたには迷惑をかけない」と怒鳴られ　74
母のために娘が犠牲《ぎせい》になる割り切れなさ　78

薬とのよいつきあい方

魔法の薬・ステロイド系抗炎症薬《こうえんしょうやく》　80
闘いは人目につくところですべし　83
必要な薬は飲んでもらいたい　85

死なないためには運もいる

「年をとるほど死にたくなくなる」　88
梅干しが教えた大腸がん　90

最初の急変：原因不明の病状が治る　93
二度目の急変：脱臼《だっきゅう》のはずみで大量出血　95
予想外のことが起こる人体の不思議　97

頼りになるのは血縁以外のチーム

「血縁より地縁」を実感　99
親の家に自分のスペースを確保する　102
本音は「子どもよりヘルパーさん」　104

実の親子だからむずかしい

濃い母、薄い父との関係　108
親を捨てて大人になる　111
親子はたまたまの関係にすぎない　112

老いた人に潔《いさぎよ》さを求めてはいけない

「殺せ！」とわめいた後で完食する八十代　116
いざとなれば生き延びようとするもの　118
両親を亡くすということ　120

第三章　やるだけのことはやった満足感

母の最後に後悔なし

まさに「グリコ」な気持ち　124

看取りに後悔はつきもの　129

悔《く》やむかどうかは親のキャラ次第　132

親から解放されるということ

親の死はおびえからの解放　135

親の死は権力者からの解放　137

親の磁場から出た人生を生きる　140

第四章　上手に老いてゆくために

いつまで働きつづけるか

「下流老人」の現実 144
お金をつかわず貯めるのが基本だが 147
定年後は「妻が仕事、夫が家事」 150

人生のリスクと向きあう

自立できない子どもの問題 153
依存する人、される人 156
段ボール二箱のショーツに泣く 158

「自分探し」から抜け出す

「部下のため」は自分からの解放 162
よい上司、悪い上司 164
「頭のいい人に意地悪な人はいない」 167

無理な無理はしない

二十二年間勤務した病院を退職 171
初めて実感した「老い」 174
「嫌いな人は嫌いでいいや」と割り切る 177

「後にくる人」のことを考える
自分がいなくても組織は回る　180
「後で・みんなが楽にできる仕事」　182
席をゆずることも人育て　186
他人の人生を気にしない
三つのフィールドで生きる　189
退職で得たもの、失ったもの　192
「まあ、いいかな」と言える人生　194

両親の送り方

——死にゆく親とどうつきあうか

第一章　死ぬのも死なれるのも未体験

死をどのように迎えるか

生き死にの選択はさまざま

私が三年制の看護専門学校を卒業して初めて就職したのは、東京厚生年金病院という、全体で五百床《しょう》規模のまあまあ大きな総合病院でした。私は昭和六十二（一九八七）年四月から平成二十一（二〇〇九）年三月まで二十二年間、この病院でお世話になりました。

この病院に就職したのは、たまたま入った看護専門学校がこの病院の付属だったからです。当時は、付属の看護専門学校に入ったら、そのままそこに就職する、という人が多数派。形式的な面接で就職が決まり、配属された部署は、希望していた内科病棟でした。

けっして吟味《ぎんみ》して選んだ施設ではなかったのですが、この病院は私の性分《しょうぶん》にとても合いました。それは、最先端の医療をになう大学病院とは異なり、治療最優先だけではない考え方が雰囲気としてあったという点。これは私たち医療者にも患者さんにも当てはまる話です。

たとえば、私が就職して間もないころ出会った拡張型心筋症《しんきんしょう》の男性は、若いころから父親と同じこの病気をわずらい、五十代を迎えていました。父親はすでに亡くなり、彼も同じ経過を覚悟していたと見えます。

「心臓移植でしか治らないっていうのは、治らない病気だってことだよね」というのが彼の病気に対する認識。これはいまから三十年近く前、という時代の制約は大きかったでしょう。それでも、治る手立てはないかとさまざまな病院を回る人も、当時からいないではありませんでした。

彼の場合も、時期によってはさまざまな葛藤《かっとう》もあったのではないでしょうか。それでも最終的に彼は、生活圏にある病院を選びました。それは、通院のしやすさとともに、自分が入院した際には、高齢の母親が少しでも見舞いに来られるように、という配慮もうかがえました。時代の制約はあったにせよ、彼は最先端の治療を追い求めるよりも、残された日々の快適さを優先したように見えたのです。

そしてもうひとつ思い出すのは、就職当時はけっして珍しくなかった「抜管《ばっかん》」の場面です。「抜管」といえば当然管を抜く行為を指します。ここで抜かれる管は、気管チューブ。自分で呼吸ができない人に対し、口や鼻からこのチューブを入れる行為が、気管内挿管《そうかん》と呼ばれ、救命救急のための欠かせない処置のひとつです。

気管内挿管では、一時的な人工呼吸で呼吸が回復しなければ、人工呼吸器をつけて呼吸を維持《いじ》します。気管チューブを抜けば、当然人工呼吸器ははずすわけですから、死を積極的に早めることにつながるでしょう。

延命治療の中止をめぐっては、さまざまな議論があります。この場面では、そうした議論の決着を待つまでもなく、本人や家族の意向を可能な限り聞いたうえで、現場で判断をしていたということです。

この内科病棟では多いときには年間五十人前後の方が亡くなり、そこで私は九年働きました。看護師は生き死にの選択にかかわる仕事なんだな、と肌で感じた年月でした。

デリケートな問題を扱えない病院

しかし、こうしたアバウトなやり方も、就職して三年ほどでなくなりました。平成に入るころには「いったん気管内挿管をしたら、二度と気管チューブは抜けない」という考え方が広まったのです。その後、「抜管」はおこなわれないようになりました。

病院の規模を問わず、国が出した指針に沿って医療をおこなう。これが良心的医療者であるための一丁目一番地である。この考え方が浸透し、これによって医療の質が底上げされたのは確かです。

一方で、こうした大枠をがっちり国が決めるやり方というのは、融通《ゆうずう》がきかず、ひとりの人間としてのデリケートな問題をフォローできません。不具合が出ても、改善には時間がかかります。

救急処置はつねに迅速《じんそく》性が求められます。やってみる前にその後のなりゆきを予測するのは、多くの場合むずかしいのが現実でしょう。とりあえず人工呼吸器をつけて、回復の見込みがなければはずしましょう、という当時のやり方は、それはそれでヒューマンで、理にかなっていたと思うのです。

あの病院が治療一途の病院ではなかったからでしょう。大学病院ほどシステム化されず、そこの医療者に判断が任されていたのが大きかったと思います。

「抜管」の件数は、私が記憶しているだけでも片手に余るほどありました。ほかの病院でも、同じ事情のところがあったのではないでしょうか。

個人の技術や判断に多くが任される組織は、場合によっては、とんでもないことをしでかしかねません。別の場面では、その問題を感じたことも多々ありました。けれども抜管については大きな問題は起こらず、あとからトラブルになった例はひとつもありません。

こうした選択がおこなわれる場に身を置いたということが、その後の私の死生観のもとをつくったと思うのです。その後、私は両親をこの病院で見送りました。いろいろ変化があっても、治療最優先の考え方ではない。その少しゆるい温度のようなものが、私はとても気に入っていたのです。

ちなみに東京厚生年金病院は、解体された社会保険庁の関連病院でしたから、いまは運営する母体が変わっています。平成二十六（二〇一四）年四月からの名称は、「ＪＣＨＯ《ジェイコー》東京新宿メディカルセンター」（正式名称：独立行政法人　地域医療機能推進機構　東京新宿メディカルセンター）。職員はいったん全員解雇しての再雇用でした。

私は母体が変わる前に退職したので、その後の変化は、昔の仲間から漏れ聞く程度しか知りません。ただ、こうした組織の変化以上に、長期入院を廃して在宅療養を勧める国の方針が、さまざまな変化を引き起こしているように感じます。

医療費の高い急性期の病院になるほど、入院期間が切り詰められ、患者さんとゆっくりかかわる時間がなかなか持てません。昭和の終わりに看護師としての人生がスタートできたことに感謝するとともに、後輩たちの今後が心配になってしまいます。

「親は冥途《めいど》の壁」

私は内科病棟で九年働いた後、精神科病棟に移り、十三年間そこで働きました。精神科病棟では、自殺や身体疾患《しっかん》での急変など突発的なことがない限り、人が亡くなりません。そこであらためて、人の死が日常的にある場所が、いかに特異な場所かを再認識したのです。

精神科病棟で働きはじめて数年し、看護師長になった際、数年間緩和《かんわ》ケア病棟を兼務することになりました。ここは、いわゆるホスピスで、治療できない段階まで進行したがんの患者さんばかりを受け入れる病棟です。十七床の小さな病棟でしたが、多いときは年に百人の方を見送りました。

そしていまは精神科病院に転職して八年目。死を意識しながら患者さんとかかわる日常はまったく影を潜《ひそ》めています。

看護師として働いてきた約三十年のあいだに、見送った患者さんは五百人を超えます。この体験は両親を見送るのに際し、知識として役に立った一方、両親の死が私におよぼす影響を弱めはしませんでした。

父・宮子《みやこ》勝治《かつじ》はサラリーマンでしたが、劇作家になる夢がかなわずテレビ局に就職したいきさつがあります。母・吉武輝子《よしたけてるこ》は、映画会社勤務をへて作家・評論家となりました。ちなみに両親で姓が違うのは、母が旧姓を使っていたからです。父の死後、正式に旧姓に戻すまで、戸籍名は宮子輝子でした。

父は平成十二（二〇〇〇）年四月十五日、七十二歳で亡くなりました。このとき私は三十六歳。お悔やみの言葉とともに知人からかけられた二つの言葉が、強く印象に残りました。ひとつは**「親は冥途《めいど》の壁」**という言葉。「親が死ぬまでは遠かった冥途が、親が死ぬと、ぐっと近づくんですよ」と、その知人は言いました。

その後、平成二十四（二〇一二）年四月十七日に母が八十歳で亡くなったとき、この言葉にすべて合点《がてん》がいきました。「次は自分の番なのだなあ」と思ったんですよ。まさにあの世とこの世のあいだに挟《はさ》まっていた壁がなくなり、筒抜けになってしまった感じでした。

これ以降、私は折にふれて、自分の死を意識するようになっています。切迫感も悲愴《ひそう》感もそこにはありません。両親にも順番がきたように、いつか自分にも順番がくる。無理に備える必要はないけれども、覚悟だけは決めとくか。そんな気持ちです。

そして、夫と私でもっとも違うのが、この冥途との距離感なんですよ。夫は同い年で、子どもはなく、平成二（一九九〇）年に結婚してからの二十五年間、ずっと二人で楽しく暮らしてきました。彼は都立高校の同級生で、いわば学区内結婚です。生まれ育った地域も、暮らし向きも、おつむの程度も似通っている、気楽さがあるように思います。

夫婦は似るといいますが、うちは思考も顔も、書き文字まで似てきました。基本的に同類。互いに相手が話そうとしている内容の当たりもついて、ときどき奇妙な感じがします。

とはいえ、まったくすべて同じというわけではありません（当然ですが）。常日頃似た者同士で生きているだけに、大きな差異を感じると、「おっ」と驚きもひとしおです。

最近いちばん強く感じた違いはといえば、自分の死への距離感でした。私にとって死はいずれ確実にくるものとして、年々リアルになっている。ところが彼には、まだまだ遠い先の話と感じられるようなのです。「ああ、彼にはまだ親の壁があるのだなあ」と思う瞬間です。

また、もうひとつは**「死は死者との関係のはじまりである」**という言葉。死後も親との関係を振り返る機会はなくなるわけではありません。親子の関係は複雑で、問題を抱えたまま終わる親子はたくさんいるでしょう。それは解決不能なまま残されるのではありません。残された者がきちんと抱え、解消するものも多いでしょう。

いずれの言葉も、出典はわかりません。けれどもこの二つの言葉は、両親を見送って以降の自分の人生にとって、じつに趣《おもむき》深い言葉でした。

私がこれからお話しする父と母の話は、いまの私が綴《つづ》る、新たな関係の物語。それは、私の老いや病気、死への考え方に、大きくかかわっています。

あきらめの達人だった父の死

父を見送った「喪主挨拶《もしゅあいさつ》」

私はなんでも記録を残すのが好きで、自宅のパソコンには、さまざまなファイルが残っています。もともと字が汚いので、ワープロ専用機が普及してからは、早々に使いはじめました。夫と結婚してからはパソコンに乗り換え、平成六（一九九四）年七月から日々の記録をつけはじめました。この習慣は、今後もつづくでしょう。

いまも「アウトルック」（電子メールやスケジュールの管理ソフト）を開くと、二十年前の勤務がわかります。そしてここには、両親の入院や検査など、大きな出来事も入力されています。今回、両親を見送る経過を書くにあたり、この記録をあらためて見直しました。

ただ、父については、どの記録を参照するより、私が母に代わっておこなった喪主《もしゅ》の挨拶《あいさつ》のほうが、その人となりや病気の経過が伝わると思います。まずは、以下をご覧ください。

父が亡くなったのが平成十二（二〇〇〇）年四月十五日。あいだに友引が入ったため、通《つ》夜《や》と葬儀《そうぎ》がそれぞれ四月十八日と十九日になりました。この間あわただしく葬儀の準備をしつつ、私が準備したものです。

本日は、父・宮子勝治の葬儀にお集まりいただき、本当にありがとうございました。

父は、四月十五日（土曜日）午後二時四十分、私の勤務先である東京厚生年金病院の集中治療室にて、永眠いたしました。この間の経過を簡単にご報告いたします。

父は一九九三年に糖尿病を指摘されて以来、東京厚生年金病院の内科でお世話になるようになりました。このときより、肝臓《かんぞう》がんを疑わせる所見があったため、定期的に検査をくり返し、一九九七年に肝臓がんと確定されました。以後は、エタノール注入などの治療のため入退院をくり返しましたが、その効あって、亡くなるまで他の部位への転移もなく、大きく進行せず経過しました。

今回は、自宅で転倒し、腰椎《ようつい》の圧迫骨折をしての入院でした。いつになく入院を嫌がる父を、説得して入院させたのが三月二十六日です。四月二日の朝、肺炎《はいえん》のために呼吸状態が急激に悪化し、集中治療室に移りました。その後肺炎は快方に向かいましたが、四月十五日午後に急激な心拍数と血圧の低下を認め、医師・看護婦のみなさまの懸命の処置にも反応せず、私と夫の到着を待つように永眠いたしました。

終わってみれば、すべてこの結果になるのは理にかなっていると思います。長年の飲酒で肝硬変《かんこうへん》も進んでいましたし、糖尿病による動脈硬化も進んでいました。一度悪いほうに傾き出せばリカバーはむずかしいことを、彼の全身状態のすべてが示していたのです。

検査や治療後の一晩の安静にも耐えられなかった彼が、約二週間人工呼吸器のお世話になったことを思うと、彼は十分がんばったと思います。彼の心拍が止まったとき、これ以上がんばってほしいと願うことは、娘としてはできませんでした。夫と二人、お疲れさまと看取らせていただきました。

父が受けた治療、そして看護のすべてにおいて、いささかも不足と感じたことはありません。わがままな患者であった父を、みなさん本当によく見てくださいました。どれだけ感謝してても足りないほどです。本当にありがとうございました。

父の自慢は、市川昆《いちかわこん》さんが監督をつとめたニュース映画『東京オリンピック』のチーフ助監督をつとめたことでした（注：後から作品のＤＶＤでクレジットを確認したところ、「製作デスク」でした）。

父がこの仕事にかかわったのは三十七歳のとき、私はまだ一歳でした。この仕事を彼は終生誇りにしていましたが、彼はそれを利子食いする狡猾《こうかつ》さはなく、後を余生として、おのれの美学のみに忠実に生きていったように思います。

四十前から余生を送った父と、ペン一本でたくましく生きる母とは、絶対的な温度差がありました。それゆえの葛藤はもちろんございましたが、その温度差を人のかかわりの複雑さ・むずかしさとともに、生きる切なさと感じさせてくれたのは、二人の温かい人柄であったのではないかと思います。

母は父でなければならなかったし、父は母でなければならなかった。いい夫婦であったと、娘の私が断言いたします。

私たち家族にとって、父は気配の人、余韻《よいん》の人でした。いつも気配を感じさせながら立ち入ることはせず、しゃれたせりふを残して立ち去る。その余韻が、私は好きでした。

その気配は永遠に失われましたが、その淋《さび》しさは、日を追って深まっていくことでしょう。

いまなにより心配なのは、母のことです。この数年来の父の治療については、父の気持ちを聞きながら、ほとんどすべて私が決めてきました。母にはすべて事後承諾でした。これは、母に心配をかけたくなかったこともありますが、正直なことをいえば、心配する母に言葉を尽くしながら、父を支えていくだけの力が私になかったからでした。結果として、母には淋しい思いをさせてしまったと思います。

淋しいときに淋しいと言えず、つらいときにつらいと言えない気丈な母であります。これからの母を、どうか暖かく励ましていただければと、切に願います。

最後に、参列いただきましたみなさま、そしてここにおられない、父に楽しい時間を与えてくださったすべての方に、心から感謝いたします。本当にありがとうございました。

平成十二（二〇〇〇）年四月十五日

長女　宮子あずさ

私は自分が書いた文章を読み返すと、行き届かないところばかりが目につき、いつも反省しています。そんななかで、この文章は唯一《ゆいいつ》の例外。いま読んでも、父が、そしてそこに現れる母、私との関係性が、私が描きたかったように描けている。そんな自画自賛《じがじさん》をしたくなるのです。

どこか人生を降りている

父は昭和二（一九二七）年、東京の四谷《よつや》に生まれました。生家は書店で、八人きょうだいの末っ子。父親（私にとっては祖父）は順調な親の仕事を引き継ぎ、五十代で亡くなっています。額《ひたい》に汗して働く父親を、父は見ずに育っているんですね。

また、四谷という街は、芸者さんなども行き来する粋《いき》な街。父の話では、戦時体制になっても外国映画を上映していたり、浮き世離れした雰囲気もあったようなのです。

父は永遠の文学青年のようなところがあり、おじさんからおじいさんに移り変わる年齢になっても、「風来坊《ふうらいぼう》はいい」「高等遊民が理想」などと、生活感がないことを言っていました。

私が生まれたのは父が三十六歳になる年。父は当時テレビ局の報道部門に勤務していました。その後は出向して、映画『東京オリンピック』にかかわることになります。私の父の思い出は、その大仕事が終わった後からはじまります。あれを超える仕事はないと、おそらく父は思ったのでしょう。

私の記憶にある父は、どこか人生を降りた、余生の人でした。そうした人生になったのは、育った街のせいなのか、高等遊民のように見えた父親のせいなのか。やっぱり環境って大きい気がします。

一方で、そんな存在感で彼が最後まで生き抜けたのは、フェミニストだった母とその薫陶《くんとう》を受けた私が、彼に稼ぎ手として多くのことを望まなかった。これが大きかったとも思います。

父の死後、母はこんなふうに父のことを振り返っていました。

「かっちゃんは一緒に家庭を切り盛りしていくっていう感覚はなかったけど、あれは性分だったんだと思うのよ。母親になると女だけが人生を変えられる。それが許せなくて、うまくいかなくなっちゃっていたんだけどね。でも、私が働くことを邪魔はしなかったし、あの世代の男性としては、とても質がいい人だったと思っている」

私の記憶に残る両親は、うまくいったためしがなく、いわゆる家庭内離婚状態。私にとってはとても疎遠な父でしたが、その独特の存在感というか、生活感のなさ、ちょっと気が利いたことを言う知的な感じには、ひかれるところがあったのでした。

私が喪主の挨拶の文章が好きなのは、私の父親へのまなざしがよくあらわれているからでしょう。私たちはいろいろな目的で文章を書きますが、もっともよい文章は、自分が好きな人のことを、その人のことを思いながら書いた文章ではないかと思います。

やり込めたい人をやり込める文章も、書くとすっきりする。未熟者の私としては、この感覚もけっして嫌いではありません。でもそうした文章よりも、やっぱり好きな人のことを書くほうが、ね。書き手が育つ体験だと思うのです。

どこか人生を降りている父と、熱く社会に異議を申し立てるフェミニストの母。私は思想的に母の影響を強く受ける一方、世の中に対してまじめに、かつ、ずれた関わりをする父のあり方が、抜きがたく身についてもいたのです。

私にとって母はともに闘う同志。一方の父は、理屈《りくつ》を超えた同類でした。残念なのは、父を亡くすまで私がそれに気づかなかったこと。あらためて考えると、私は父が好きだったし、とても父に似ていたのです。

父と私は、いつも半端な位置にいて、変な角度から人間観察を怠《おこた》りませんでした。組織においては、好き放題やっていたわりには管理職になり、意外に長く働いた。このあたりもなんとなく共通しています。

父は一時、劇作家をめざして就職が遅かったため、テレビ局への就職は三十代でした。会社の方針が気に入らず退職したのは、五十代後半。曖昧《あいまい》なことしか書けないのは、母ですら父の給与を知らず、役職もうろ覚えだったからです。

年齢にすると私より就職が遅く、長く働いたので、二十年は働いたでしょうか。会社の方針が気に入らなくて、あるとき突然辞めて帰ってきました。さすがに母も驚いていましたが、母は母で稼いでいたので、誰が困るわけでもありません。

この唐突な辞め方は、どこか私の退職とつながるところがあります。また、大まじめな人が恐ろしく、ついつい茶化したくなる癖《くせ》なんかも、父ゆずりですね。

「転ぶくらい弱ったら、もう助からないんだよ」

父はテレビ局を退職後、半年ほど車で各地を放浪し、気がすむと帰ってきました。ケータイ電話もない時代、父からの連絡はほとんどなく、あるとき交通違反の呼び出しが遠いところの警察から届いたと、母があきれていました。

こうやって書いていると、あらためて、変な人だったな～と思います。たぶんこのころには、私も母も、父に対して「ちゃんとしてほしい」と思っていなかったんでしょう。二人にとって父はおもしろい近所のおじさん。父だ、夫だと思わなければ、あんなにおもしろい人もないわけで、私たちはすでにその境地に達していました。

父のあっぱれなところは、周囲をあきらめさせてしまう、そのキャラクター。母の場合、夫婦だからちょっと時間がかかったけれども、たぶん私なんかのほうが困らなかった分、とっととあきらめ、おもしろがっちゃうモードに入ったと思うのですね。

物心ついたころから、父とは生活パターンが違っていたし、一緒にとった食事は数えるほど。大きくなってからは、元日だけしか食卓は囲みませんでした。

その元日だけは、彼が蓄えたうんちくのすべてが披露《ひろう》され、さながら父の独演会。いまとなっては、覚えているのは『東京オリンピック』の思い出話ばっかり。本当に物知りで、おもしろい父でした。

父は、いわば人をあきらめさせる達人だったのですが、一方で、彼自身があきらめる達人でもありました。彼の病気とのかかわり方には、そのキャラクターが遺憾《いかん》なく発揮されています。

父に肝臓がんが見つかったのは、平成五（一九九三）年、六十六歳になる年でした。急激に衰《おとろ》えた印象に気づいた母から相談を受け、内科を受診したのがきっかけです。糖尿病と肝臓のあやしい影が見つかり、定期的に受診するようになりました。

エコー（超音波診断）とＣＴ（コンピューター断層撮影）をおこない、経過を見ていたのですが、四年ほどで肝臓がんと確定しました。その後はそちらの治療に重きが置かれましたが、糖尿病もけっこう悪かった。なにしろ好きな酒は最後まで飲んでいたので、インシュリンを使っても、血糖は高めだったのです。

肝臓がんは再発をくり返しながらも、治療で抑えられていました。肝機能も悪いながらも横ばい。この調子なら、平均寿命の七十五歳までいけるかも。私としてはそんな見通しを持っていたのです。

ところが父は自宅で酔って転倒したのをきっかけに、急坂を転げ落ちてしまいます。腰椎圧迫骨折で寝たきりになり、食道に行くべき水や食べ物などが気管に入ってしまう誤嚥《ごえん》による肺炎《はいえん》で急変。身体の弱った高齢者ではありがちな経過ですが、七十二歳の父がそんな経過をたどるとは、まったく予測していませんでした。

しかし、父のほうはといえば、骨折で整形外科に入院した時点で完全にあきらめムード。薄れていく意識のなかで父が言ったのは、「治療のおかげで生きられたけど、身体は弱ってしまった。転ぶくらい身体が弱ったら、もう助からないんだよ。いろいろありがとう」。

そして、父が言ったとおりになったのです。

父は治療についてはすべて私にお任せ。こちらがうながさない限り、病気の説明も聞きませんでした。内心不安もあったとは思いますが、病気に関心を持たずに最後の余生を過ごす態度を、父は選んだのでしょう。

父が病気に関して下した自己決定はただひとつ。「すべてを娘に任せる」ということでした。疎遠な娘ではありましたが、この大仕事は、なんとかやりとげたように思います。ちょっとあきらめが早すぎた感がないでもありません。でもそのちょっとずれた感じもまた、父らしい。父のあきらめのよさは、私の誇りでもあるのです。

最期のときは予測できない

経過は残念でしたが、最後の三年は私の勤務先に入院している期間も長く、父と日常的にかかわる時間が持てました。治療後の安静が守れず、当時はまだあった喫煙所に駆け込む父を追いかけ回す日々。困った人だと腹が立ったけれども、思い返すと懐かしいですね。

ただ、当時は私に余裕がなく、ひとりで父の支援を請け負い、母と一緒に、という配慮を欠いていました。複雑な関係だったからこそ、最後にもう少しかかわってもらえばよかったと反省しています。

とはいえ、**あの時点では私も、もう少し先があると思っていたんですよね。なかなか最期のときというのは、予測できないもの。**まさか父が転倒がきっかけの肺炎で亡くなるとは、思っていませんでした。

なにしろ急死だったので、すべてがばたばたしました。葬儀は母が喪主をつとめ、喪主の挨拶は、私が代行することになったのです。

母はこれまで、父との複雑な関係を作品にも書いていました。作家からひとりの妻に戻ろうにも、どうしてよいやら。そんな母の困惑は同業者としても察せられたので、私はなんとしてでも、母の気持ちがすむように、父の最後を飾れるようにと、挨拶の文章に「熱が入った」のです。

私にとって父の葬儀は、葛藤をつづけた両親の歴史が終わる日でもありました。私には、なぜ二人が別れないのかよくわからなかったし、いまもわかったとはいえません。ただ、自分が結婚してある期間生活してくるなかで、夫婦には夫婦のあいだにしかわからない事情があるのだ。それだけは、わかるような気がしてきました。

父と母には、二人にしかわからない一緒にいる意味があったのでしょうね。

私が成人するころ、父は私にこんな話をしたことがあります。

「君には小さいころから僕らのことではいろいろ迷惑もかけてきて、申し訳ないと思っている。僕らがなぜ一緒にいるのか、君には不思議だろうね。僕らは、戦争の時代をまじめに生きて、傷ついた。その体験を共有しているんだよ。それが二人を結びつけている。夫婦としては不誠実に見えるかもしれないが、僕らにはものすごく大事なことなんだよ。そこはね、言っておきたいと思う」

父は旧制獨協《どっきょう》中学校（のち獨協中学校・高等学校）から慶応大学に進学しているのですが、戦争をはさんでのこの時期は、まさに激動の時代。父は、中学時代に勤労動員が納得できず、サボタージュして大騒動を起こしたらしいのです。反戦中学生として憲兵《けんぺい》の暴力も受け、ひどい目に遭《あ》ったと聞きました。

母は母で、敗戦後まもなく米兵の性暴力を受け、そこからの回復が生涯の闘いでした。そんな二人を思うとき、戦争体験の共有というのが、どれほど二人に大きかったことか。私には、想像もできないほどです。

いまあの世で、二人はどうしているのやら。出会ってももう、夫婦にはならないほうがいいでしょう。隣りあって住むくらいが、ちょうどいいのかな。そうしたらときどき、一緒にご飯に呼ばれても悪くないと思います。

最後まで生ききった母の死

長く複雑な病歴

転倒して自らの衰えを感じ、死を覚悟した父に比べると、母はつねに病気と闘う、ネバーギブアップな人でした。父も母も「生きていたい」人だったと思いますが、「死にたくない」という気持ちは、父が薄く、母は濃く。そんな違いを感じました。

父が糖尿病、肝臓がんという病を得たのが六十代半ばだったのに対し、母の病気の経過は長く、とても複雑でした。主な病気は膠原病《こうげんびょう》、慢性肺気腫《まんせいはいきしゅ》、大腸《だいちょう》がん、慢性骨髄性白血病《まんせいこつずいせいはっけつびょう》。それぞれの病気について経過を書いておきます。（くわしい病状は次章で説明します）

【膠原病《こうげんびょう》】

三十代後半のとき、全身のリンパ節が腫脹《しゅちょう》し、がんを疑われる。どこかの病院で腫《は》れたりンパ節の一部を取り出し、病理検査をおこなう。結果は良性。とくに何の治療もおこなわず、自然治癒《ちゆ》した。その後も何回か同様の腫脹があったが、四十代後半以降は見られなくなった。

四十八歳ごろ、何のきっかけもなく両方の下肢《かし》に激痛が走り、歩けなくなる。東京警察病院に入院。下肢静脈血栓《けっせん》を疑うが、静脈造影検査の結果、異常は見当たらなかった。結局原因はわからず、これもまた自然経過で軽快。これ以後同じ症状が出ることはなかった。

六十歳ごろからドライアイと口の中の乾きが見られ、シェーグレン症候群と指摘される。

七十六歳のとき、高熱のため東京厚生年金病院に入院。熱がなかなか下がらず、下肢の脱力、出血斑《しゅっけつはん》、食欲不振、関節痛など、いろいろな症状が出てきた。膠原病専門医の診察で、ANCA《アンカ》関連血管炎《かんれんけっかんえん》という全身に影響のある膠原病と確定し、以後ステロイドの内服がはじまり、急激に症状が改善した。

なお、膠原病は一般に原因は不明だが、母の場合は昭和三十年代に受けた豊胸《ほうきょう》手術が原因と考えられた。つまり、体内に入れた異物（この場合はシリコン）が免疫《めんえき》反応を強め、膠原病を引き起こした可能性がある。三十代後半に見られたリンパ節腫脹、四十八歳ごろの両下肢の激痛と歩行障害もこれで説明がつくので、三十代後半には膠原病を発症していたと考えられる。

ステロイドの内服で安定していた時期もあったが、亡くなる二年ほど前からたびたび発熱をくり返し、衰弱が進んだ。

【慢性肺気腫《まんせいはいきしゅ》】

五十九歳ごろ、右自然気胸《ききょう》（肺の一部が破れて空気がもれる状態）のため東京警察病院にて右肺の部分切除術をおこなう。

六十五歳のとき、発熱と呼吸困難のため、東京厚生年金病院の集中治療室をへて呼吸器内科病棟へ入院。このとき初めて、慢性肺気腫と診断された。慢性肺気腫は、喫煙が主な原因で起こる肺の障害。十分に息を吐き出せず、肺に新鮮な空気が入らなくなってしまう。このときは、合併して起きていた気管支炎《きかんしえん》がよくなると、呼吸も改善。気管支拡張剤を使えば、普通に生活できるところまで回復した。

その後数年かけて、徐々に肺の障害が進行。七十六歳のときカリニ肺炎になり、一気に病状悪化。集中治療室で治療を受けるほど重症だったが、どうにか回復。しかしこのとき以降、自宅でも酸素ボンベを使用するようになった。

八十歳で亡くなるまで、この病気は徐々に進行。最後の二年は外に一人で出るのはむずかしく、入浴など日常生活にも介助が必要になっていた。亡くなる直前は、自分で食事をとるのも苦しく、食後消化活動に酸素が使われても息が上がる状態。最終的に寿命を決めたのは慢性肺気腫の進行だった。

【大腸《だいちょう》がん】

七十四歳のとき、突然の下痢《げり》をきっかけに大腸がんが見つかり、東京厚生年金病院で手術。所属《しょぞく》リンパ節の転移があったが、すべて切除し、亡くなるまで再発はしなかった。

【慢性骨髄性白血病《まんせいこつずいせいはっけつびょう》】

七十八歳のとき、高熱とともに呼吸状態が悪くなり、東京厚生年金病院の集中治療室に入院。一時かなりあぶない状態になったが、なんとか改善に向かう。血液検査の結果、白血球が十万以上（正常値は数千〜一万）、血小板《けっしょうばん》も異常に多く、のちの精査の結果、慢性骨髄性白血病と確定。グリベックという抗がん剤の内服薬が効いて寛解《かんかい》（再発の可能性はあるが病状が落ち着いている状態）し、亡くなるまで、再発はしなかった。

母の最後の入院は、平成二十三（二〇一一）年十二月二十一日から平成二十四（二〇一二）年四月十七日。約四ヵ月におよびました。この間なかなか熱が下がらず、食事をとっても衰弱が進み、少しの動きでも息が上がるようになっていきました。

最終的には、私が介助して食べさせた朝食が気道に詰まったのが、とどめを刺したと思います。その危険は覚悟のうえでの食事介助。覚悟ができている私の介助でそうなってよかった、といまでも思っています。

いろいろな病気をしてきましたが、大腸がん、白血病という二つのがんは、直接の死因になりませんでした。これは、肝臓がんをわずらいながら、誤嚥性肺炎《ごえんせいはいえん》で亡くなった父のなりゆきととても似ています。

病気のなかで母の命に直結したのは、膠原病と慢性肺気腫という慢性病だったといえます。享年《きょうねん》八十。母が亡くなった平成二十四年の女性の平均寿命は女性が八十六・四歳、男性が七十九・九歳。これに比べればまだまだ若い、といろいろな人からいわれました。

その気持ちはとてもうれしかったのですが、私は、母は母の寿命《じゅみょう》まで生きたと思い、そこまで生きる手伝いができたことに、大きな満足を感じてもいたのです。

入院をいつも嫌がった母ですが、それなくしては、おそらく母の人生の終わりは、数年早まったはずです。あれだけ病気をして、八十まで生きてくれた。母はきっと、もっと生きたかったと思いますが、それは何歳まで生きても同じだったのではないでしょうか。

九十歳になっても、百まで生きたいと思っただろう人。いくつになってもキリがないんだから、あのくらいでよろしくね。そんな気持ちで、母を見送りました。悔《く》いはありません。

「財布と子どもはあなたに全部預けます」

私の母である吉武輝子という名前を聞いてぴんとくるのは、いわゆる団塊《だんかい》の世代前後の人かもしれません。母は反戦・平和、フェミニズムなどの立場から数々の運動にかかわりながら、評論、ノンフィクションなどを執筆する行動派の作家・評論家でした。

その根底には、自身の戦争体験、とくに思春期に受けた戦時下での性暴力の体験があり、その活動は、自身の体験を乗り越える意味もあったと思います。

なお、同時代に活動した女性の評論家としては、樋口恵子《ひぐちけいこ》さん、俵萌子《たわらもえこ》さん（故人）などがいます。大学で学ぶ女性がまだ少ない昭和二十年代に大学を卒業し、男性と伍《ご》して企業に勤務。その後フリーになって活動した経歴と、子育て経験がある点なども、三人はよく似ています。

いまでは当たり前の共働きが、特別視されるような時代。茶化《ちゃか》されたり叩《たた》かれたり、世の中はけっして母たちのような女性にはやさしくはありませんでした。そのかたわらにいたことが、いまの私の考え方、感じ方に、強く反映していると思います。

母が私を産んだのは三十二歳のとき。東映という映画会社に勤め、宣伝プロデューサーとして活躍していた時期でした。女性が働きつづけるための制度が、いまほどない時代。母は私が生まれるにあたって、家事と子育てのすべてを人に任せるという決断をしました。

母に代わって私を育ててくれたのは、とくさんという、大正六（一九一七）年生まれの女性。父の生家は書店で、男の子七人、女の子一人という子だくさんで商売もしていたため、いわゆる「子守りさん」がいたんですね。とくさんは、その「子守りさん」の一人。父も世話になった、恩ある人でした。

とくさんは父たちが育ちあがってからは一時疎遠になったのですが、私が生まれるにあたって、父が頼ったのはとくさんでした。母によれば、一度は断ったとくさんを銀座の喫茶店「凮月堂《ふうげつどう》」に呼び出し、「財布と子どもはあなたに全部預けます」と大きなお腹を揺らしながら、かき口説《くど》いたのだそう。

後年とくさんが語った話では、父にスカウトされた当時、とくさんはある芸事では新橋一と謳《うた》われた、高齢の芸者さんの家に住み込んでいたとのこと。天涯《てんがい》孤独のその人からとても信頼され、「いずれはあなたに家をあげたい」とまでいわれる厚遇《こうぐう》だったそうです。

共働きとはいえ、けっして大金持ちではないうちの両親のところに来たら、かなりの収入ダウンは避けられません。にもかかわらず、とくさんはうちを選んでくれたのです。その理由をとくさんは語りませんでしたが、「財布と子どもはあなたに全部預けます」がよかったんじゃないでしょうか。

母との二人三脚は、約四十年。私が家を出た後も両親の家に残り、平成十四（二〇〇二）年六月に姪御《めいご》さん夫婦の家でお世話になるといって出ていきました。八十五歳で亡くなる一年ほど前のことです。

とくさんは、ある日急に具合が悪くなり、近所の病院に運ばれました。私たちも、姪御さんのご家族からの連絡で駆けつけたのですが、脳梗塞《のうこうそく》で麻痺《まひ》が出ていて、思わしくない印象を受けました。

意識ももうろうとしているなか、とくさんは駆けつけた母の手を握り、「輝子さん、お忙しいのにすみません」と言ったのです。そこには、母のことを支えつづけてくれたとくさんの姿があり、母の仕事はとくさんとの共同作業だったのだと悟《さと》りました。

そしてその言葉が、とくさんの、私たちと交わした最後の言葉になったのです。気丈なとくさんが、生活に手助けを借りるようになったら、さぞつらいだろう。そう思ったのは事実です。一方で、生き延びることにネガティブな印象を持つのは、看護師としての自分の信念に反する気もして、面会の帰路、気持ちはとても複雑でした。

そして、とくさん自身がその運命を嫌ったのか、発症から三日ほどで、消化管出血を起こし、緊急手術を前にしたＣＴ撮影中に心肺停止。そのまま亡くなったと連絡が入りました。

母はその死について、「とくさんは本当に死に上手」と何度も讃《たた》えていました。それは私も同感。とくさんは大の病院嫌い。「手術」の二文字で、生きる気が失せたのではないか。そんな気がしてなりません。

長い年月二人三脚だったとくさんと母ですが、その死に方は真逆だったといえます。とくさんはぱっと散り、母は長わずらい。その後、母は徐々に病気のダメージが大きくなり、生活範囲が狭《せば》まっていきました。

けれども、母からはとくさんを讃えこそすれ、うらやむような言葉を聞いた覚えは、ありません。それは言っても仕方がないから、といえばそれまでですが、やはり母のなかに、生き延びたい気持ちが強かったのでしょう。

その意欲もまた、とくさんを巻き込んだ母の人生の力だったのかもしれません。

母の若き伴侶《はんりょ》・みっちゃん

とくさん亡き後、母の生活を支えてくれたのは、通称みっちゃんという男性でした。彼は、昭和五十二（一九七七）年、母が第十一回参議院議員通常選挙に立候補したときの運動員。全国区から無所属で出馬して落選したこの選挙で、母はお金をつかい切り、見事すってんてんになりました。さらに、政治色が鮮明になったことでマスコミ関係の仕事が激減。収入が一時途絶えたときは、母も一時的にかなり不安定になりました。

みっちゃんが、運動員としてかかわった縁で、母の仕事の手伝いをするようになったのは、そんな時期でした。彼は競輪関係の仕事をしていて、開催のない日は、母の運転手役をしてくれるようになったのです。

母はこのとき四十六歳。みっちゃんは二十四歳。私は十四歳でした。父もとくさんも、おとなしい好青年のみっちゃんを気に入り、みっちゃんはまさに「居候《いそうろう》」というような位置で、一生懸命わが家のために働いてくれたのです。

やがて私が家を出、父が亡くなり、とくさんも亡くなり、母とみっちゃんは二人暮らし。

生活にさまざまな支障が出るようになると、ヘルパーさんなども入れながら、生活全般の世話をしてくれました。

また、近所のご家族ともよい関係で、家族同然のおつきあい。そこの奥様は私と同年代、だんな様はみっちゃんと同年代。お子さん三人も母にとてもよくしてくれて、合い鍵を持って、遊びにくる仲でした。

一方、私が平成二十一（二〇〇九）年まで勤務した病院はかなりの長時間労働。母の家には電車でも四十分程度で行けたのですが、ついつい行きそびれ、日常的なお世話はみっちゃんに任せっぱなし。私があのときまで働けたのはみっちゃんのおかげ、と感謝しています。ただ、さすがの私も仕事柄、母の病気については、任せてもらっていました。ときには厳しいことを言い、嫌がられもしましたが。**嫌な役回りを果たしていることはみっちゃんたちもわかってくれていて、そこは本当に救われていました。**

その後、母はみっちゃんとの再婚を公《おおやけ》にし、自分亡き後のことを考え、家をみっちゃんに相続させる遺言状を書きました。これは私にとっても願ってもないこと。その約束は果たされ、母の家にはみっちゃんが暮らしています。

支援者に恵まれた母

母は病気についてはさまざまな不運に見舞われたものの、支援者については、とても恵まれていたと思うのです。身近なところでは、とくさん、みっちゃん、近所のご家族。そのほか編集者、運動仲間……。娘の目からすると、「あんなにわがままを言って、よく許してもらえるものだ」と驚いた場面も一度や二度ではありません。

でも、そんなありようが許されるところに、母の人徳があったのでしょうか。親を褒《ほ》めるのも妙ですが、そこは感心しきりです。父にしても母にしても、憎めない人柄だったのは確か。「世の中には、あなたたちよりうんと自分を殺して生きて、それでも好かれない人もたくさんいるんだよ」と教えてあげたいですね。

とはいえ、そんな毒を吐《は》いている私自身も、結局は母の支援者である人生を選んでいます。何が私をそうさせたのか。ひとつには、女性の人生の開拓者であろうとした母への共感が大きかったのです。これに加えて、母の気前よさがとても魅力的だったのですね。

母はとにかくお金をつかうのが大好きでした。家はぼろ屋でしたが、おいしいもの、きれいなものが大好き。お取り寄せが一般的でないころから、仕事に行った先でおいしいものを見つけると取り寄せ、きれいな服に目がなく、衣食にはかなり散財していたと思います。

しかし、それ以上に好きだったのは、人のためにお金をつかうこと。かかわっている運動体へのカンパ、見込んだアーティストの作品購入、困っている友人・知人への衣食住提供、気に入った人への贈り物……。気持ちがいいほどのつかいっぷりでした。

母は浮き沈みがありながらも、たぶん生涯通じての収入は、かなりあったと思われます。選挙の後のように、干された時期は苦しかったけれども、この間にも執筆の仕事はあった。その後、時間の経過とともに仕事も戻り、亡くなるときにも終えられなかった仕事を抱えていました。

それでも、さまざまなセレモニーを終えて残ったのは、三十坪程度の家と数百万円の現金そのほか購入した美術作品や服、母の気に入った品々など。収入から考えれば、かなりつましかったと思うのですね。

ただし、この状況に私は満足。母の稼いだお金は母がつかい切り、残ったものは、母の人生を最後まで支えたみっちゃんにもらってもらう。これが理想だったのです。私のもとにきた現金は、母ならしたであろう運動体へのカンパや、母の人間関係の冠婚葬祭《かんこんそうさい》費用として、死ぬまでにつかい切る。これが私の、母への供養《くよう》です。

私が母から引き継いだお金のつかい方にこだわるのは、母のお金づかいに、母の美学を感じるからです。「人のためにお金をつかう」と書きましたが、そのもとになるものは、人さまざま。ある人は慈悲《じひ》の心から、ある人は義務感から、ある人は使命感から、人のためにお金をつかうのではないでしょうか。

母の場合はどうかを考えると、母を散財に駆り立てたのは、「気前よくありたい」という母の美学。これ以外には思いつきません。

母はよく「お金の問題は大変だけど、本当に大変なのは、お金で片のつかない問題だ」と私に言っていました。これは、豊かな家に生まれながら血縁関係に恵まれず、いろいろな苦労をしてきた母の、まさに実感だったのだと思います。

母はひとりでお金を貯めるより、みんなで楽しんでつかいたいと、心底思っていたのでしょう。そして母は、そうした仲間に恵まれました。

そして、とくさんもまた、母親との確執があり、家を出た人でした。高給を投げ出して私たちの家に来てくれたとくさん。彼女は、とても気前がよい人だったといえるでしょう。

この家族のあり方はいまも私の根本で、世間との決定的なずれを生んでいるようにも思います。でも、このずれを私は楽しんでいて、悔いるところはありません。

第二章　老いと病は親を変える

親と子の立場が逆転するとき

親子の関係は親の死後もつづく

前の章では、私から見た、親の人となりについて書いてきました。いま両親がこれを読んだら、異議をはさむ箇所もあるかもしれません。それに対して私は、答えを準備しています。結局のところ、私にとって、ある人がどんな人なのかを決めるのは、私自身なんですよね。そこでは真意よりもこちらの判断がすべて。「そんなつもりじゃなかった」と後からいわれても、はいそうですかと修正してもらえるとは限りません。

つまり、自分がどんな人間なのかを決めるのは、他人なんです。そこには本人からすれば誤解もあるでしょう。理不尽な決めつけに思える場合も少なくないはず。それでも、すべての人間がこうした存在だと考えれば、すべてはお互いさまなんですよ。

ですから、私の答えは、「あなたがどんな親だったかを決めるのは子どもである私だけど、私がどんな子どもだったかを決めるのは、親のあなた。それをどんなふうに受けとめるかは、各自の自由」。

こんな仮想問答を通じて対話がつづくのも、私たちの饒舌《じょうぜつ》だった親子関係のあらわれかもしれません。

自分が親とどのような関係を築いてきたか。これは誰にとっても、人生の節目節目で振り返る、重大なポイントではないでしょうか。進路を決めるとき、就職するとき、親の家を出るとき、新しい家族をつくるとき。折にふれて、私たちはきっと親との関係に一区切りをつけるのです。

こうした、いわば**親子関係の総括は、両親の死後も、完全に終わることはありません。**とくに母を見送った後は、母が最後に残した老いの面影《おもかげ》を、これまでの関係で上書きする作業がしばらくつづきました。

それはつまり、こういうことです。

母は亡くなる前の数年間、多くの持病が次々に悪くなりました。膠原病《こうげんびょう》に対してはステロイド剤、慢性肺気腫《まんせいはいきしゅ》に対しては在宅酸素療法、これに慢性骨髄性白血病《まんせいこつずいせいはっけつびょう》までが加わり、抗がん剤も飲みつづけなければならなかったのです。

気丈な母は、こうしたさまざまな障害に対しても一生懸命状況を受け入れ、暗くならないように振る舞っていました。そして、依頼された仕事は断らず、講演や執筆に取り組んでいったのです。

こうした活躍の舞台が母の生きがいになったことは、いうまでもありません。生活面では、入浴に多少の支援がいるようになったり、確実に日常生活の範囲は狭《せば》まりました。それでも、人前に出るときの母は、たしかに元気だったのです。

残念なことに、その活力も、やがて維持《いじ》できなくなってきました。いくつかの病気のなかでいちばん顕著《けんちょ》だったのは、慢性肺気腫の進行。呼吸機能が低下し、動ける範囲がどんどん狭まっていったのです。

それにつれて、母は少しずつ気むずかしくなり、話題も身体のことに集中するようになりました。**老いと病は人を変えます**。母もまた、私がこれまで見てきたたくさんの患者さんと同じ変化を、たどっていくのだな。

わかっていても、それは私にとって、とても淋《さび》しいことでした。「病気はしても、病人にはならない」をモットーに、明るく元気に生きようとしてきた母。それを貫くには、病気の経過はあまりにも過酷《かこく》だったと思います。

話題は食と排泄《はいせつ》のことばかりに

とくに最後の一年、多くの期間を病院で過ごすようになった母は、調子のよいときがなくなってきました。**母との会話は話題がどんどん狭まり、食と排泄《はいせつ》に関連した内容に収束していきます。**

食は命の源泉。母は「食べているうちは大丈夫」という気持ちが強く、亡くなるその朝まで、介助されながらも食事をしていました。

急激にやせたため、義歯が合わなくなり、歯科で治療しようにも体調が悪く、口腔《こうくう》内がすっきりしないのが本当につらかったのでしょう。義歯の違和感は強く訴えていて、なかなか手当てができず、気の毒な状態でした。

また、排泄は、本人がなるべく自力でと限界までがんばりましたが、徐々にかなわなくなりました。トイレに行って、ベッドに帰ったと思ったら、またトイレに行くと介助に呼ばれる。そんなくり返しにこちらが疲れ果て、声を荒らげたのも一度や二度ではありません。

寝たきりになってからも、食と排泄をめぐるやりとりはつづき、**「ああ、あんなに知的で、話題が豊富だった人も、こういうふうになってしまうのだなあ」**と、しみじみ思ったのでした。

あまりくわしく書くのは母が気の毒なので、具体的な話はこの程度でやめておきます。

何度もいいますが、私は看護師として働くなかで、こうした患者さんの変化はたくさん見てきました。そのため、かなり具体的に覚悟はしていたのですが、いざそうなると想像以上に打ちのめされました。いざとなると、だらしないものですね。

それでも、冴《さ》えた会話が皆無《かいむ》だったわけではありません。

あるとき、次から次に要求を繰り出す母に、辛抱《しんぼう》のない私はついつい平たい声で嫌みを一発。

「まったくさ〜、輝子さんは、『注文の多い料理店』だよね〜」

と聞こえよがしに言ってしまいました。すると、それまで「あれして、これして」しか言わなかった母が、すかさず反撃。

「『注文の多い料理店』は、客が注文するんじゃなくて、客が注文されるのよ」

と言い返して、にやりと悦に入《い》った笑顔を浮かべています。まるで何かスイッチが入ったような冴え方でした。

「これは一本取られたな〜」と、私は思わず吹き出して大笑い。文学少女の片鱗《へんりん》を見て、私は久しぶりに母らしい母とふれあった気持ちになったものです。

でも、こうした場面を母らしいととらえるのも、これまでの母との関係があったから、そう思えるのでしょうね。互いを多面的に、おもしろがって理解しあっていたからこそ、話の脈絡《みゃくらく》があやしくなっても、理解できる。

老いと病気で関係性が煮詰まるほどに、ものを言うのは、元気なころのよい関係なのだと実感しました。いろいろ衝突《しょうとつ》もありましたが、全体としてはよい関係だったのだと思います。

母に怒ってばかりの鬼娘

私の場合、母親の介護をしたといっても、本当にごくごく短期間、限定的なかかわりにすぎません。「介護をした」というのもおこがましいほど。日常的な世話は、母のよき伴侶《はんりょ》・みっちゃんが中心にしてくれていたのです。

また、母の場合、最後の一年はトータルで半年近くが入院生活になりました。食事の世話こそ、手がかかるので家族でおこないましたが、おむつ交換など基本的なお世話はすべて看護師さんまかせでした。その意味では、家でみるよりはるかに楽で、苦労は少なかったのです。

そんな負荷の少ない介護だったにもかかわらず、**母のそばで過ごす時間が長くなるほどに、私は、母に怒ることが増えていきました。**いったい何にあんなに腹を立てたのか。本当に自分は鬼娘。何度反省したか、数知れません。

とはいえ、**衰えていく人の内面には強い葛藤《かっとう》があって、元気な人間がそれを理解するには限界があります。だからこそ、世話をする側とされる側には、葛藤が生じる。**その途上では、山あり谷ありはあって当たり前。「まあこんなもんかなあ」とちょっと複雑な気持ちで納得できる。そんな範囲に入れば上等だと思います。

こうした関係づくりに欠かせないのが、「忘れる力」ではないでしょうか。

一説には、人間は一度記憶した内容は脳から失われず、ただ引き出せないだけだそうです。脳科学的に、記憶が消滅するのかどうかはわかりません。でも、時間とともに、思い出すたびにわき上がった身を切るような悲しみや恥ずかしさが消えていく。こうした体験から、記憶の生々しさが薄れるのは確かなように思います。

「日にち薬」とは、まさにこのことでしょう。時間の経過に助けられたのは、失恋だけではなく、親子関係もしかり。激しくやりあった思い出も、時間の経過とともに生々しさを失い、それぞれの人生のなかで、意味を与えられているはずです。

生理的な話題に終始した母の最後の一年についても、これと同様のことがいえます。母の死から時間がたつと、思い出すのは元気だったころの母との思い出ばかり。そうでないことも思い出そうとすれば思い出せますが、その機会はどんどん少なくなっています。**亡くなる直前の母の姿は忘れられ、いつの間にかよかったときの母の姿に置き換わっている。人間の忘れる力はすばらしい**と、心から思います。

人間関係においては、あまりに忘れっぽくても信頼されなくなりますが、忘れなすぎても、やりにくいのではないでしょうか。悪い出来事は適当に忘れてしまう。それが、よい関係を築く秘訣。人間はやはり、完全ではありませんからね。

親子関係は、さまざまな局面で変化するもの。**強い親、弱い子どもという図式も、親の老いとともに逆転さえする**のです。

いろいろありながらも、なんとかそのときそのとき、きちんと悩んで答えを出してきた。この積み重ねが、「まあ、あれでよかったんじゃないかなあ」とほどよく肯定できる、親の看取りにつながっていると思います。

親子関係をそのつど振り返り、再構築する。これはやっぱり、やったほうがよいことなのではないでしょうか。

こうして、ちょっと肯定的な締めをしたところで、この後は、私が両親の老いや病に関連して、どうにも腹が立ったこと、困ったことを順次お話ししてまいります。かなり聞き苦しい点もあると思いますが、すでに終わったこととして氷解していますので、その点は安心してお読みください。

老いと病気で衰《おとろ》えていくパターン

アクシデントを機にガクンと衰える

人が老いて亡くなるまでの経過を考えてみると、あらためて、人それぞれだな、と思います。「老いて亡くなる」と書きましたが、ある友人は四十歳で亡くなりました。生まれたときから人は老いると考えれば、友人なりの老いを経験したといえるのでしょうが、やはり老いる前に亡くなったと思うのが、私の感覚です。

一方、長寿でありながら、亡くなる寸前まで元気だったように見える人もいます。過日、九十五歳の男性が自動車を運転中、事故で亡くなったというニュースがありました。本当に残念な事故ですが、九十五歳まで自動車を運転していたその能力は、すばらしいと思います。

実際、**年を重ねるほどに、個人差は大きくなってくる**ように見えます。七十歳を越えると、とてもその年には見えない若々しい人と、早々に老け込んでしまった人とでは、見た目の差も大きいのではないでしょうか。

そして健康状態も、医者いらずの人から医者通い中心に生活が回る人まで、本当にさまざま。そうした個別性が大きい事実を踏まえたうえで、私から見てなんとなく多いように見える、老いて衰《おとろ》えるパターンがあります。

それは、**ひとつのアクシデントを機に、ガクンと衰える**、というパターン。もっとも典型的なのが転倒で、身体も頭もしっかりしていたお年寄りが転倒して骨折。しばらく寝ていたら、身体も動かず、認知症にもなってしまった……。そんな悲惨《ひさん》な話は珍しくありません。

元気な人でもそうなのですから、病気を抱えた人なら、アクシデントの機会はさらに多くなります。たとえば私の父の場合、もとから糖尿病と肝臓《かんぞう》がんがあるところに、転倒。臥床《がしょう》安静中に肺炎《はいえん》になり、結局回復せず、七十二歳で亡くなりました。

老いにせよ病気にせよ、徐々に進んでいても、あるところまではっきりした影響は目立ちません。それが、ひとつアクシデントがあると、一気に衰えが進んでしまう。結局、**予備力がないため、ひとたび悪くなると、そこから復活できない**のですね。

こうしたパターンは病院ではしばしば目にします。老いも病気も、あるきっかけで急に衰えを目立たせる。**老いや病気の進行はなだらかではなく、しばしば急な印象をともなう**のです。

いくつになっても、本人や近しい人が、「急に衰えた」という気持ちになるのも、こうした経過を考えると、仕方がないように思えます。

肺炎とともに悪くなる呼吸機能

母の場合も、事情は父と同じ。「あれを境にがっくりきたなあ」と思う病気が二つあったのです。それは、カリニ肺炎と慢性骨髄性白血病《まんせいこつずいせいはっけつびょう》でした。

母は、七十六歳で在宅酸素療法をおこなうようになるまでは、なんとか病気と折りあい、これまでと変わらぬ暮らしをつづけていました。さすがに若いころよりは歩くのがしんどくなり、車の利用が増えるなどの変化はあったものの、年のわりには若々しく、元気だったと思います。

私はいろいろな患者さんの経過を見ていて、母の病状が楽観できないことは覚悟していました。いずれ呼吸機能が落ち、常時酸素の助けが必要になるだろう。しかし、思ったよりも母の進行は遅く、私はこの時期が少しでも長いよう祈る気持ちでした。

母もゆっくりとした衰えは自覚していたようで、「私は昔芝居をやっていたから、腹式呼吸ができるのよ。だからなんとかやれているんだと思う」と話し、機能を落とさないためにと、体操や深呼吸を心がけていました。

しかし、残念ながら母の呼吸機能は、新たな病気が加わったことで一気に悪化しました。最初の変化は、七十六歳でカリニ肺炎を起こして呼吸機能がガクンと落ちたこと。次の変化は、それから約二年たち、慢性骨髄性白血病を発症したことです。いずれのときも、高熱とともに呼吸機能が極度に悪化。集中治療室で治療を受け、一命を取り留めました。

カリニ肺炎とは、病原体としては弱い、ある種のカビによって起こる肺炎。普通の免疫力《めんえき》を持っていればかからない、日和見《ひよりみ》感染症のひとつです。なぜ母がこれにかかったかといえば、ステロイド剤を飲んでいたからでした。

母はこの入院の半年前にも膠原病《こうげんびょう》による高熱で入院。退院後からステロイド剤を飲むようになっていたのです。ステロイド剤は、自分の身体を攻撃する免疫機能のやりすぎを是正《ぜせい》する薬。結果として、免疫力が弱まり、感染に弱くなる場合があります。

ステロイド剤の使用は避けられないと母も私も了承していたのですが、残念な経過ではありました。

それでも原因となる病原体がわかってからは、効果のある薬が使われ、あっという間に熱が下がり、経過は良好だったといえます。しかし残念なことには、肺の機能はカリニ肺炎になる前のレベルに戻りませんでした。

慢性呼吸不全では肺の換気が悪くなり、カリニ肺炎以外にも、いろいろな細菌性《さいきんせい》肺炎が起こりえます。ステロイドの使用はなくとも、**肺炎は要注意。これまで見てきた多くの慢性呼吸不全同様、母も肺炎を起こしながら悪くなる段階《フェーズ》に入った**のだと思いました。

平成十九（二〇〇七）年八月二十二日。二十日間の入院をへて自宅に帰る母は、携帯用酸素ボンベをともなっていました。これ以降、母の生活に酸素ボンベは欠かせなくなります。

しかしこのときはまだ、母は酸素ボンベを車輪付きのカートに入れて引き、電車で移動することもできました。また、少しの時間酸素をはずしても苦しいとは言わず、生活のペースを落としながらも、大きくは変わらなかったのです。

とどめは慢性骨髄性白血病

決定的なダメージは、平成二十二（二〇一〇）年の初めにわかった、慢性骨髄性白血病。たしか年末年始も体調がいまひとつだったところに、高熱と息苦しさが強くなり、一月二十四日、再度入院となったのです。

このときも急激に呼吸状態が悪くなり、急患室からすぐに集中治療室に移りました。空気が出入りする気管がつぶれてしまうという珍しい症状も見られ、医師からは、「この状態だと気道にチューブを入れることもできないから、最悪の場合、救命できない」。ついに母もここまでかと、意外に冷静に考えました。

ところが！　母は助かったのです。密閉したマスクで鼻と口を覆《おお》い、圧をかけて酸素を吸わせていたのがよかったのでしょうか。べこんとへこんでいた気道が再度ふくらみ、母の呼吸状態は劇的に改善しました。

ちなみに、この経過は、いまにいたるまで理由がよくわかりません。膠原病でも慢性呼吸不全でも、ありえないことはないようなのですが、めったに起こらない症状らしいのですね。とても非科学的な感想ですが、やっぱり母は運が強い、というほかありません。

しかし、一難去ってまた一難。気道が開通したあと、母の身体に重大な異変が見つかりました。白血球と血小板《けっしょうばん》の数が桁《けた》違いに増えていて、検査の結果、慢性骨髄性白血病とわかったのです。

さいわい慢性骨髄性白血病は、すでに効果の高い内服薬が開発され、制御《せいぎょ》可能な病気になっていました。初回に強い抗がん剤を使った際、一時クリーンルーム（空気清浄と殺菌がほどこされた部屋）入りとなりましたが、データの改善は良好。約三ヵ月の入院で、内服薬を継続し、自宅に戻ることができたのです。

ただし、この退院以降、母は酸素をはずしては動けなくなり、受診以外の外出がとてもむずかしくなりました。室内の歩行もつかまりながらで、入浴は見守りが必要でした。

同居しているみっちゃんと相談し、これまでにも家のことをいろいろ頼んでいた自費のヘルパーさんに加え、介護保険も申請。みっちゃんとヘルパーさんで足りないときは、私も母の家に行き、一緒に過ごすようにしたのです。

こうして、肺炎、慢性骨髄性白血病という二つの病気を境に、母の病気は階段を降りるように悪くなっていきました。

アクシデントは防げるか？

両親の死を振り返るにつけても、私は、**老いや病気が、なんらかのアクシデントによって急激に悪化する。そうした性質を持っている**んだなあ、と実感しました。

そして私は、この事実を多くの人に伝えたいとも思うんですよ。なぜなら、それによって、急な経過を、やむをえない経過として受け入れられるかもしれない。悲しみは尽きないにしても、**「あれさえなければ」という恨《うら》みに近い気持ちは持たないほうが楽**だと思うからです。

私がここで使ったアクシデントという言葉。私はこれを「突発的な出来事」と「事故」という二つの意味で使っています。ただ、いずれの意味で使うにせよ、それを予防できるかどうかについては、私は懐疑的です。

たとえば父の転倒。父自身が言ったように、「治療のおかげで生きられたけど、身体は弱ってしまった。転ぶぐらい身体が弱ったら、もう助からないんだよ」。この言葉に尽きると思います。

事故といえばまさに事故なのですが、転ばぬように四六時中見張っているのでないなら、これはいつか起こる事故だったのではないでしょうか。そして誤嚥性《ごえんせい》肺炎についても、急速に進んだ衰弱のなせる業《わざ》。私には、残念ながら、なるようになったなりゆきに見えるのです。

母については、父以上に多くの病気を抱え、いつ何が起きても不思議のない状態で晩年を過ごしました。カリニ肺炎にしても、慢性骨髄性白血病にしても、予防できたとは思えません。

もちろん、看護師として患者さんとかかわる場合には、ここまで割り切った考え方はしないようにしています。転倒防止、感染防止は大事です。

でも、**医療の力が長寿を増やすほど、こうしたアクシデントは防ぎようがなくなってくる。**この現実をどう考えるのか。もう、逃げられないようにも思うんですよ。親の死を通して、この現実と向きあい、受け入れる選択ができたこと。これは看護師としても、大きな財産だったと感じています。

行動的な親ほどまわりは大変

酸素を引いて地方講演にもデモにも行く母

七十六歳で在宅酸素療法をはじめた当初、母はできるだけ酸素を使いたくないと考え、身体を鍛《きた》えていました。自宅に買い込んだ運動器具を使って、毎日運動。娘としては、無理せず酸素を使えばよいと思う反面、この意欲には敬意を抱きました。

在宅酸素療法は、家では据え置き型の機械、外出時には携帯用の酸素ボンベを使用します。機械のメンテナンスや消耗品の補充は業者さんが細かくかかわってくれるので、日常生活を送るうえでは煩雑《はんざつ》なことはありませんでした。

母の呼吸機能も、在宅酸素療法をはじめてしばらくは、悪いながらも安定。なにより母自身が低酸素状態に慣れて、酸素をはずしてもけっこう動けていたんですよね。

人間の身体というのはじつに不思議なものです。急に悪くなるとつらくて動けないような

病状でも、徐々に悪くなると、身体のほうが慣れてわりと普通に動けてしまう。人間の力というのは本当にたいしたものです。

母の場合、在宅酸素療法をはじめた時点で、酸素の取り込みは、健康な人の七割以下だったのではないでしょうか。私がいま風邪《かぜ》をこじらせて肺炎になり、急に呼吸機能が悪くなったら、急性呼吸不全。正常な値《あたい》から一気に母の値まで悪くなったら、身動きできないほど苦しくなるでしょう。

症状が徐々に進行する「慢性」の病気には、こうした「慣れ」がしばしば見られます。母の場合は、慢性肺気腫によって引き起こされた慢性呼吸不全。診断された六十五歳から数えても、十年という時間をかけて悪化してきたわけです。

母はそれからもしばらく、自分の行きたい場所に移動が可能でした。北海道から講演のお呼びがかかれば飛行機で飛んでいき、望み、望まれる役割を果たす。年齢のわりにはタフに動いていたと思います。

母は精力的に文章を書き、講演会に出かけ、デモや集会にも顔を出していました。選挙の応援にもよく呼ばれていて、慢性呼吸不全とは思えないほどの声量で、街頭演説もおこなっていたのです。

外出するとき、母は携帯酸素ボンベを車輪の付いたカートに入れ、キャリーバッグのように引いて歩いていました。そのカバーはいかにも医療用品といった地味な色合い。おしゃれな母は、もともとのカバーごと覆うきれいな布のカバーをデザイナーの友人につくってもらい、使っていたのです。

人呼んで、「酸素のお洋服」。たしかカバーは五枚頼むと言っていましたが、できあがったものは二枚だったかな。赤系、青系でそれぞれに金銀の糸が入ったエスニックな布。服に合わせて交換し、とても華やかでした。

こうして、どんな状況でもそれを楽しもうとした母。苦しい日もつらい日もたくさんあったと思いますが、その楽しもうとする姿勢が、母自身の勢いにもなっているように見えました。

出かけるための準備と支援

在宅酸素療法になっても、しばらくは母は元気に行動していました。酸素をはじめる直前よりも、むしろ行動がスムーズになったと感じるほど。低酸素になじんでいたとはいえ、やはり無理はかかっていたのでしょう。「頭もすっきりして、酸素はぼけ防止になりそう」などと笑うときもあったほどです。

ただ問題は、飛行機と宿泊。母が求めに応じてどこへでも飛んでいけるようにするには、それ相応の準備と支援が必要だったのです。

なぜなら、危険物にあたる酸素ボンベを機内に持ち込むには、いろいろと面倒な手続きが欠かせません。また、携帯ボンベ一本の使用可能時間には、限界があります。母は酸素流量が少なかったので、一日はボンベが持ったのですが、二日目になると、さすがに交換が必須。そのため宿泊する場合、宿泊先への機械の配置と交換用ボンベの準備が必要でした。

こうした手続きには、すべて医師の診断書が求められるため、事前の準備が必要になります。このときは私が勤務する病院に母がかかっていたので、本当に助かりました。勤務の合間に主治医に連絡をとり、書類をお願いできましたから。いちいち出向いていたら、かなりの労力が必要だったと思います。

いまはどうかわかりませんが、当時は航空会社によっても求められる情報に違いがあり、なるべく規則のゆるい会社の便を押さえたりしていました。こうした酸素ボンベに関する手続きの細かい点をアドバイスしてくれたのは、帝人という会社の担当者。本当によくしていただいたと、いまも感謝しています。

最後に母が飛行機に乗れるよう手続きをしたのは、平成二十三（二〇一一）年四月の北海道行き。統一地方選に出馬した友人の応援に行きたいと言ったのですが、まだ寒い北海道行きはさすがに無理と、周囲が止めてくれました。

はじめていた手続きは結局キャンセルし、主治医も私も本音ではほっと一安心。行くとなれば私も同行すると腹をくくっていましたが、このときはかなり弱っていたので、正直命がけになるかな、と思っていました。

このときは、三月に東日本大震災が起こり、日本中が非常時モード。後から聞いたことには、帝人も被災地への対応などで本当に大変だったそうなので、行くとなっていたら手続きはできたのでしょうか。

母の場合も、震災後起こりうる計画停電に備えて、予備の酸素ボンベを手配しなければなりませんでした。こうしたことがいたるところで起きたのですから、帝人のご苦労は察してあまりあります。

あらためて、母の晩年は、多くの人に支えられてあったのだと感謝するばかりです。

「あなたには迷惑をかけない」と怒鳴られ

慢性骨髄性白血病の発症を機に外出が困難になった母でしたが、仕事をしたいという意欲は衰えませんでした。飛行機での移動は無理とあきらめて以降は、列車や車で移動し、いくつかの仕事をしました。

つねに付き添ってくれたのは、みっちゃん。けれども、長時間の移動は看護師である私がつくほうが安心かな、と。私がそう思うくらい、母の衰えは進んでいったのです。

最後の一年は、付き添いなしの移動が困難になりました。体調も思わしくないので、できれば断ってほしいと私は思うのですが、**本人は納得せず。「あなたには迷惑をかけない」と怒鳴られ、協議は決裂《けつれつ》して終わる**のです。

とはいえ、私が付き添わなかったら、仕事関係の人が代わりに動き、多大な負担をかけてしまいます。「よけいなことをするな」と怒鳴られながらも、こそこそ新幹線の席をチェックし、隣の席をこっそり取り……。付き添う準備をするわけです。

しかし、せっかく万全の準備をしても、病状が悪化し、仕事をキャンセルして入院せざるをえない場合もありました。あのときの怒り方は、本当にすごかった。かかりつけの病院（私の以前の職場！）の急患室で入院を拒《こば》んで、私と大げんか。すでに毎度毎度の儀式ではあったのですが、いつにも増して激しい母でありました。

私も負けじと言い返し、最後は半ば強引に車いすで病棟に移動。拒んでも、結局は入院せざるをえないのですよ、具合が悪いのですから。

この消耗戦のしんどいこと。**本人のつらさを思い、腹の虫を納めようとしても、「こっちもしんどいよ」と言いたい気持ちがどうしても残ります。**

「輝子さんが元気なころのように活動しようと思うと、多くの人が大変な思いをするんだよ」

私はたびたびそう言わずにいられませんでした。するとこう言われます。

「放っておいてと言っているじゃない！」

このくり返し。

お互い、言っても仕方がないことをずいぶん言い、嫌な思いをしあったな、と思いますね。でも、そう言わずにいられないくらい、お互いにつらかったのです。

母が遠方に出かけた最後の仕事は、平成二十三年十一月五日におこなわれた、宝塚市での講演でした。女優の高田《たかだ》敏江《としえ》さんとのコラボレーションです。

幼いころ、母の仕事についていっては、人前で話す母を見たことを思い出しました。若かった母は、こんなにも老いている。私も同じように老いているのだな。そう思うと、やはり胸にこみ上げるものがありました。

かなり疲れたようで、帰りの新幹線ではほとんど眠っていた母でした。東京駅までの行き帰りはみっちゃんが車を出してくれたのですが、駅構内を歩くのはかなり苦しく、この日以降、外出には車いすが必須になりました。

この宝塚の講演では、いつもは時間が足りないほど話していた母が、数分早く話を終了。その瞬間、これが最後になるのかな、と私は思いました。それでもこの月の二十九日、母が座長をつとめる「ななにんかい」というグループのコンサートには出演。ハンドベルの演奏をするなど楽しい時間を過ごすことができたのが、なによりでした。

懸案《けんあん》だった二つの仕事を終えたあと、母は高熱と食欲不振で入院。結局一度も家に帰ることなく、翌平成二十四（二〇一二）年四月十七日に亡くなりました。

亡くなったとき、母は二つの講演を引き受けており、関係者のみなさんには多大なご迷惑をかけてしまいました。結局、その仕事には私が代役として出て、母の話をしたのですが、母を愛してくださったみなさんが多数お見えになり、私にとっても心温まる時間となりました。

母のために娘が犠牲《ぎせい》になる割り切れなさ

このように、母は最後、たくさんの人の支援を受けながら、仕事の多くを全《まっと》うして人生を終えたといえます。この経過中、私は博士論文に取り組む大学院生＋非正規雇用の看護師という身分。常勤として働いていた病院を退職し、大学院に入学していたのです。母のために時間を使える状況だったのは、本当に助かりました。

とはいえ、互いに自己主張が強い母娘です。正直いうと、私は、すんなりと自分のなすべきことを脇《わき》において、母に尽くす気にはなりませんでした。

論文を書く時間を削《けず》り、勤務を休むたびに、自分が後《おく》れをとるような焦《あせ》りがわいてきます。私にだって、やらなければならないことはあるんだよ、輝子さん。「もういいや」ってなんで思ってくれないんだろう。そして最後には、思うのですよ。

「八十歳の母が好きなことをするために、四十代の娘が犠牲《ぎせい》にならなければならないのか？」

そう思うと、なんとも割り切れない気持ちがわいてきます。そして、そんな気持ちになる自分にも、嫌気が差すんですよ。

実際、この暮らしがそんなに長くつづかないのは、看護師として察しがついていました。いまの不自由が、永遠につづくわけではありません。それでも、そんなふうに終わりを励みにするような自分は、なお嫌。こうして葛藤《かっとう》はぐるぐる回りつづけるのです。

母とのかかわりを通して痛切に感じたのは、**人手を借りて暮らすようになったとき、あきらめずに行動しようとしつづける親は、とても手がかかる**ということ。この事実は否定しようがありません。そしてこれには、打っておく手はないでしょう。

なぜなら母も若いころは、年を重ねたら若い人への潔《いさぎよ》い交代をよしとしていたはず。けれども年を重ねるにつけ、いくつになってもがんばる気持ちが固まったように見えます。

その変化を見ると、私もきっと、確実にその変化をたどるように思えてなりません。**いまは人の手を煩《わずら》わせてまで現役にこだわらない、なんて思っていますけど、たぶんこれは、年を重ねれば宗旨替えするにちがいない。人間はそうそう潔くはできていない。**母に限らず、年を重ねた人とかかわるにつれて、この意を強くします。

そして、母が行動的で大変だった部分があったにせよ、それもまた一時《いっとき》のことにすぎません。つねに快《こころよ》くとは行かずとも、母の行動を最後まで支えたということ。いまはこの思い出を大事にしたいと思っています。

薬とのよいつきあい方

魔法の薬・ステロイド系抗炎症薬《こうえんしょうやく》

長寿の人が増えた大きな理由のひとつは、なんといっても医療の進歩です。とくに薬剤の進歩はめざましく、高齢者の多くは、なんらかの薬を飲んでいるのではないでしょうか。**多くの薬は単に命を延ばすだけでなく、生きているあいだの暮らしの質も高めてくれます。**母の晩年を思い返すと、あらためて薬のありがたさを感じるのです。

母が思うように活動できなくなって以降、いちばんのバトルネタは、なんといっても入院でした。なにしろ多くの病気を持った母のこと。晩年はつねに入院の危険性があり、綱渡りの状態でした。

看護師という仕事柄、母の状態については、よくも悪くも、ある程度判断ができてしまいます。なによりの指標は熱。熱が出る。母は「ちょっと風邪気味だから、寝ていれば大丈夫」と言うのですが、残念ながらそれで終息した試しはありませんでした。

母自身もじつはそれはよくわかっていて、何度も熱を測っては、下がらぬ熱にいらだちを隠せません。助かったのは、伴侶のみっちゃんが神経質な人ではなかったこと。母がカリカリしていても、なんとかしようと躍起《やっき》にならない。これはすばらしいと思いました。だって結局、なるようにしかならないんだもん。母が熱を測りまくるのは仕方がないとして、周囲までそれに巻き込まれては、冷静な判断を誰も下せなくなります。

とはいえ、私もすべてなりゆきに任せていたわけでもありません。母が嫌がる入院を少しでもしないですめばと思い、できることはしたつもりです。

いちばんがんばったのは、内服薬の減量や変更などの調整。いくら看護師でも勝手にやるのはNGですから、昔なじみの主治医にメールや電話で相談しながらおこないました。調整したのは膠原病《こうげんびょう》の薬。ステロイド系抗炎症薬《こうえんしょうやく》というものです。

先にもふれましたが、ステロイドは主としてもともと人体に備わっている成分を含み、炎症やアレルギーを抑える働きがあります。飲み薬や軟膏《なんこう》、吸入薬など、いろいろな薬剤があり、花粉症やアトピー性皮膚炎《ひふえん》など、広くアレルギー性疾患《しっかん》に使われています。

自分の身体の成分を免疫が攻撃対象にしてしまう膠原病では、ファースト・チョイスの薬といえ、この薬なしの治療は考えられないほどです。

ただ、著効《ちょこう》を示す薬にありがちなパターンで、ステロイドには多くの副作用があります。主なものは、ムーンフェイスと易感染性《いかんせんせい》、消化管出血など。すべての人に出るわけではありませんが、とくに易感染性と消化管出血は命にかかわるので、つねに注意しておく必要があります。

ちなみに、易感染性とは感染に弱くなること。外敵を攻撃する本来の免疫機能を弱めているから、感染するのです。たとえていえば、便秘薬の副作用が下痢《げり》みたいな話。これはもう、仕方がないとあきらめるしかありません。

母の場合、持病の膠原病、慢性骨髄性白血病、そして慢性肺気腫《はいきしゅ》。どれも発熱の原因になりえました。膠原病ならば、自分の細胞を免疫が攻撃対象にして炎症を起こしているための熱。慢性骨髄性白血病ならば、白血病そのものの再発。慢性肺気腫に関連しては、たとえば肺炎、気管支炎《きかんしえん》などの呼吸器感染症。膠原病の悪化を疑いステロイドを増やすと、もし感染があった場合、それを悪化させる可能性がありました。

それでも、主治医と相談し、選んだ方法はステロイドの増量でした。これにより、感染の悪化もなく、一度はすっと熱が引いたのです。この効果も二週間ほどでしたが、母の残された日数から考えれば、けっして短い月日ではありません。まあ、その時点では、それはわからなかったのですが。

闘いは人目につくところですべし

母の薬は、飲みやすいようカレンダー型の内服ポケットに私が分けて入れるようにしていました。膠原病にはステロイド剤、慢性骨髄性白血病には抗がん剤。その他の内服も入れると、飲んでいた薬は重要な薬だけで、つねに十数錠はありました。

母はステロイドと抗がん剤の内服に際しては、一度は「嫌だ」と拒絶。我慢《がまん》のない私は、一度は受容的になだめるものの、ほどなく怒りモード。

「飲まなきゃ死ぬよ」

「死んでもいい」

と、不毛すぎる応酬《おうしゅう》がくり返されるのでした。

ちょっと脇道の話ですが、こうした不毛な応酬は、たいてい私が勤めていた病院で勃発《ぼっぱつ》しました。理由は簡単。入院や薬の変更など、主に治療が変わるときに悶着《もんちゃく》が起きていたからです。

私としては、すでに過去の職場とはいえ、勤めていた病院で母とやりあうのは最悪でした。とりあえずは管理職でしたし、昔の仲間から「宮子師長さん」などと呼ばれたりもして。周囲が温かく見守ってくれるほどに、あまりに恥ずかしく、最悪の気分でした。

ところがいまになると、**あのとき周囲にギャラリーがいたのは、大きな救いでした。それはなぜか？　人目がなければ、もっとひどい展開がありえた**と思うからです。

二人きりだったら、互いにもっと暴言を吐《は》いた可能性があります。さらには、私の場合、絶対手が出なかったともいえない。それくらい、母の憎まれ口はキョーレツだったのです。

しかし、この抵抗もある意味では儀式的なもので、最終的に母は治療を受け入れるのです。なぜなら母は、絶対死にたくない人だったから。一度は「嫌だ」と異議をとなえても、それ以外に方法がないことはわかっていたのだと思います。「嫌だ」の儀式が終わってからの母は、ほぼ正しく内服をつづけていました。

抗がん剤のグリベックは副作用の少ない分子標的薬《ぶんしひょうてきやく》。こちらは副作用を意識したことはありません。しかし、プレドニンというステロイド系抗炎症薬は、かなりの副作用でした。

ほっそりしていた母の体型は、一時どっしり太り、顔はまさにムーンフェイスという言葉がぴったりの、まん丸。おしゃれな母にはつらかったと思うのですが、「生きるために薬が必要」と割り切ったかのようで、深刻になりませんでした。

必要な薬は飲んでもらいたい

いろいろな市民運動にかかわってきた母のまわりには、「薬害」という視点から薬を見る人も多くいました。なかには西洋医学を全否定という人も。人柄がいかにすてきでも、看護師という立場からすると、複雑な気持ちでした。

こうした人間関係の影響を母がどれだけ受けたのか、定かではありません。最初の拒絶は、おそらく病気になったこと自体への拒絶。母の基本は、西洋医学への信頼だと思います。

あるときステロイドを勝手に止めようとしている友人について、母はこんな話をしていました。

「ステロイドは、急に止めると大変よ、って言ってあげたわよ。誰も好きこのんで飲まないけど、飲まなきゃならないなら、ごたごた言っても仕方がないでしょう」

この「急に止めると大変」は、私が母に話したこと。飲み忘れないようにという気持ちから話しましたが、内容は正確です。

ステロイドを内服していると、ステロイドをつくる副腎皮質《ふくじんひしつ》という臓器が働かなくなっています。そのため、内服を止めるといきなりステロイドが枯渇《こかつ》。急激なアレルギー反応が起きるのです。

これは急性副腎不全《きゅうせいふくじんふぜん》といって、命にかかわる副作用。内科病棟に勤めていたころ、何回か見たことがありました。嚥下《えんげ》ができなくなったり、認知症が進んで飲めなくなった。そんな例が多かったと思います。

母の闘病を思い返すと、ついつい激しいやりとりを思い出すのですが、基本的には生きるために、すべきことはきちんと受け入れていた人でした。薬については、いろいろ不満を言いましたが、最終的には医師や私の指示どおりに飲んでくれました。

とはいえ、病状が安定して、ステロイドが減らせれば大喜び。でも、減らすことを目的にはせず、減らせるくらいよくなりたいというのが母の願いでした。

これは当たり前のようですが、実際の患者さんでは、「とにかく薬を減らしてほしい」あるいは「止めたい」、そういう考えの人も多いのです。

たとえば血圧の薬にしても、「飲んで値がいいのは気に入らない。飲まなくても値がいいようにならないと本当ではない」という考えです。

もちろん不要な薬は飲まないほうがいい。これは当たり前の話です。けれども、**長く飲む**

薬は、長く飲んでも大丈夫なように工夫されているのも事実。必要ならば、それほど葛藤せず飲めばよいと思うのですよ。

母が多くの病気を抱えながら八十歳まで生きたのは、医学の進歩のおかげです。母はたぶんその恩恵はわかっていた。だから最後は納得して、薬を飲んでいたのでしょう。

母は意外に、薬とはよいつきあいができていた。いまになると、そんなふうに思えます。なのに、一度はごねる。あれがなければもっと楽だったんですが。いまとなっては、あれもなんとなく懐かしい思い出。あのエネルギーがあったから、多くの病気を乗り越えたようにも思うのでした。

死なないためには運もいる

「年をとるほど死にたくなくなる」

母が残した言葉のなかで、私がとくに忘れられないのは、「年をとるほど死にたくなくなる」という言葉でした。多くの病を得ながら、けっして生きることをあきらめなかった母の、まさに実感といえる言葉でしょう。

母は結局八十歳で亡くなり、平均寿命には届きませんでした。前述のとおり、母が亡くなった平成二十四年の日本人の平均寿命は女性は八十六・四歳、男性は七十九・九歳。これに照らすと、八十歳は少し物足りない数字かもしれません。平均寿命より六年も早く亡くなってしまったのですから。

しかし、七十代後半から、慢性肺気腫の悪化で在宅酸素療法をはじめ、慢性骨髄性白血病も新たにわずらいました。何度か命の危機に見舞われた場面を思い返すと、よく八十歳に手が届いたものだと思います。

何度も死に神を退散させた母の生命力は、「あきらめの達人」と見えた父とは正反対。父があまりにもあっさりこの世を去ったとき、「父は、私がこの先母の老いにかけるエネルギーを、私に残していってくれたのかもね」などと頭のすみで思ったのですが、まさにそのとおりになってしまいました。

父には「生きていたい」という希望は普通にあって、けっこう楽しく生きたとは思います。一方で、「死にたくない」という生きることへの執着《しゅうちゃく》は、あまり感じませんでした。だから、家で転んだときに、「転ぶくらい身体が弱ったのだなあ」と感じ「もういいや」と思って、がんばらなかったのでしょうね。享年《きょうねん》七十二。世間的には、もう少しがんばってもよい年でした。

でも、そこをがんばらなかったのが父。母だったら、かなりの確率で生還したと思います。実際母は、絶体絶命の急変を二回乗り越えました。あの回復は、生きることへの執念《しゅうねん》なくしては、ありえなかったでしょう。

また、母は大腸《だいちょう》がん、慢性骨髄性白血病とがんを二つも経験しながら、それで亡くなることはありませんでした。この点は父についても同様で、肝臓がんをわずらいながら、それが死因にはなっていないのです。

ここを考えると、母同様父もまた、がんの経過としては、最良の経過をたどったのかもしれません。けっして不運な部類ではないでしょう。

危機を乗り越えるためには、生への執着に加えて、運も大事。不謹慎《ふきんしん》な言い方になりますが、両親を含め、いろいろな人を見ていて、このように思うようになりました。

梅干しが教えた大腸がん

第一章の母の病歴を列挙したところ（40ページ）で、「七十四歳のとき、突然の下痢《げり》をきっかけに大腸がんが見つかり」と書きました。ここを少しくわしくお話しすると、ある偶然が母の身を助けた可能性が見えてきます。

この下痢は外出中起こったもので、母は服を汚して大変な思いをしたそうです。このころ私は仕事が忙しく、電話やメールでのやりとりが主。母からの連絡でこの話を聞いたときにとても気になり、その後も何度か排便の様子を尋ね、珍しくマメにフォローしたのです。

母としては、一度で終わった「粗相《そそう》」でしたから、もうふれてほしくない。そんな気持ちが強かったようでした。ですから、「うんこどうだ、うんこどうだ」と聞かれるのは（「便」

とは言いましたけど、母にしたら、こんな気持ちだったと思うのです）、嫌だった様子。

「もう大丈夫。きちんと出ているから。うんと細いけど、下痢じゃないから大丈夫」

と、ちょっとうるさそうに言われてしまいました。

しかしこれを聞いた私は、心のなかで「まさに、不安的中だ」。**大腸がんが見つかる主な症状には、腸管が狭くなるために便が細くなる「便柱狭小《べんちゅうきょうしょう》」と呼ばれる症状がある**のです。

「輝子さん、便が細いのは、大腸がんの可能性が高い症状なんだよ。すごく大事なことだから、どんな様子なのか、くわしく教えて」

私の言葉に、母も「まさか大丈夫よ」と言いながら、くわしく教えてくれました。聞けば、茶色い絵の具をにゅるにゅると何回にも分けて、まとめて出したような形状とのこと。「これは間違いない」と確信し、母には強く受診を勧めました。

そうして母は、大腸がんと確定して手術を受けたのですが、手術で切除した腸から、なんと大きな梅干しの種が二つ出てきたのです。「これでよけい塞《ふさ》がっていたのかもしれませんね」と、執刀した外科医は苦笑していました。

切除したがんを調べた病理医によれば、がんそのものは、意外に深くまで浸潤《しんじゅん》していて、漿膜《しょうまく》と呼ばれる腸のいちばん外側の膜《まく》に、もう少しでかかるところだったそうです。

「もう少し遅かったら、漿膜に浸潤して、腹中にばらまかれるところだったよ」。これを聞いて、予想以上の進行だったと血の気が引きました。

で、ここからは私の想像も入ります。

母のがんは直腸の上のほうだったのですが、漿膜直前まで浸潤したあの時期まで、わかりませんでした。あのままわからずにいたら、遠からず、根治《こんじ》できないところまで進行した可能性があります。やはりあの梅干しが、がんで狭くなった腸管をいきなりふさぎ、また開いたことで、例の下痢事件が起こったのではないでしょうか。

当時母は、大好きなお取り寄せの里芋を使って、なじみのヘルパーさんにおかゆを作ってもらい、それに同じくお取り寄せの梅干しを入れて、よく食べていたそうです。母は一度気に入ると、飽きるまでそれを食べつづけるようなところがありました。その当時は、梅干し入りの芋がゆが偏愛《へんあい》の対象だったのです。

それが功を奏して、母の大腸がんが見つかった。それはお取り寄せをこよなく愛した母への、さまざまな食材の恩返しだったようにも思えます。

まあ、ここまで言うと、言いすぎかもしれません。でも、やはりたまたま詰まった梅干しに母の命が救われた可能性があること。これだけ考えても、母はとても運がよかったと思うのです。
その梅干しは、通販のショップチャンネルで買った「紀州田辺の南高梅《なんこううめ》・9Lサイズ」。
本当にありがとう。

最初の急変：原因不明の病状が治る

母は六十五歳のときは気管支炎、七十六歳のときはカリニ肺炎のため、集中治療室で治療するほど、重い状態になりました。いずれの場合ももともとからの慢性肺気腫があったので、病状が悪くなったのです。けれどもこのときは、意識はしっかりしていて、どちらかといえば急変に備えての入室。さいわい急変にはいたらずにすんだのです。

私が「今回はもうダメかも」と覚悟したのは、平成二十二年一月の入院でした。母はこのとき七十八歳。高熱と呼吸困難で内科病棟に入院したものの、丸一日たたないうちに呼吸状態がさらに悪化して急変（危篤《きとく》）。三回目の集中治療室入りとなりました。

このとき母の命を直接危険にさらしていたのは、気管（ごくごくおおざっぱにいうと、空気が出入りする肺と口をつなぐホース）が、なんらかの原因で、ぺちゃんこにつぶれてしまったのです。放置すれば窒息《ちっそく》してしまいますから、これは緊急の処置が必要な状況です。

事実、母も意識がなくなり、かなりまずい状態でした。通常だと気管にしっかりしたチューブを入れ、空気の出入りを確保します（これが「気管内挿管《そうかん》」）。ところがこのときぺしゃんこにつぶれていたのは、肺にかなり近い部分でした。口や鼻からチューブを入れても、つぶれているところに届きません。

結局このときとった方法は、鼻と口をぴったりしたマスクで覆い、圧をかけて酸素濃度を上げた空気を送り込むことでした。イメージとしては、無理矢理でも空気を押し込んで、つぶれたホースを広げようというやり方です。

この時点で、担当医からは、「気管内挿管はできないので、いまのやり方で改善しないときは、むずかしいと思います」と、覚悟するようにうながされていました。私は母の伴侶・みっちゃんとなるべく病院に詰め、なりゆきを見守るほかありません。

半分は「もう無理かな」。ただ、なぜホースがぺしゃんこになったのか。担当医もわからず、膠原病の専門医にも連絡をとりながらの対応でした。

原因不明の出来事のなりゆきは、読めない。そんな考えも、私の頭のなかにありました。これはあくまでも体験的なことなのですが、**わけもわからず起こったことは、わけもわからず治る**。そんな人を何人か思い出したからです。

しかし、そんないい加減な感覚が、このときは大当たり。二日ほど生死の境をさまよった母でしたが、突然ぺしゃんこだった気道が元の形に回復。その後は慢性骨髄性白血病が見つかって、別の騒動がはじまりますが、とりあえず気道閉塞《へいそく》は解消したのでした。

この件については、いろいろな先生から説明を聞きましたが、いまひとつよくわかりません。おおざっぱに理解したのは、この気道閉塞が、慢性肺気腫、膠原病、慢性骨髄性白血病のどれでも起こりうること。さらに、どれが原因としても、発生する率としては、低いようだということ。この二つでした。

起こったこととしては、べこっとつぶれたものが、何かの拍子で、べこっと元の形に戻った。そういうことです。きわめて物理的な現象であり、あの「何かの拍子」がなければ、あの先はなかったと思われます。

回復は、ただの幸運。受けた治療に感謝するとともに、幸運にも感謝した経過でした。

二度目の急変：脱臼《だっきゅう》のはずみで大量出血

二度目の急変は、平成二十三年十二月から翌年四月までにおよんだ、最後の入院の前半でした。十二月二十六日の夜、車いすでトイレに連れていってもらった際、そのころ癖《くせ》になっていた左肩の脱臼《だっきゅう》が起こったのです。

たまたま当直でいた整形外科医が整復してくれたのはよかったのですが、**なんと脱臼のはずみで、肩関節を通る静脈に傷がついてしまった**のです。大量の内出血で急激に血圧が下がり、一時は意識消失。大量の輸血をして一命を取り留めました。

このときも担当医からは、「とにかく圧迫して止血をしていますが、もし動脈にも傷がついていたら、止まらないでしょう。その場合は、回復はむずかしいと思います」と言われ、一同覚悟を決めました。

しかし、強運な母の動脈は傷つくことはなかったようです。上半身全体に皮下出血が広がるソーゼツな姿になりましたが、一命を取り留め、一時は回復の兆《きざ》しを見せました。

残念ながら、結局母は復活できず、四月十七日の午後に亡くなってしまいました。この大出血からは約四ヵ月。回復の兆しを見せたといっても、歩けたわけではありません。寝たきりで、けっして快適な時間ではなかったでしょうが、最後まで燃え尽きて終わるために必要な時間だったように思うのです。

二度目の急変では、脱臼をした際に整復してくれた医師から、整復時の操作で血管が切れた可能性をうかがいました。でも、私はそれも含めて、なりゆきだと思った。なぜなら、脱臼した肩は整復しないわけにはいかず、通常はこんなことは起こりません。

母の身の上に起こったことは、病気のなせる業《わざ》でした。ですから、誰も責任を感じないでほしい、というのが私の気持ちだったのです。

予想外のことが起こる人体の不思議

それにしても、母の最晩年は、本当に予想できないことがいろいろ起こりました。気管がつぶれたり、肩の脱臼で血管が切れてしまったり。**全身の状態が悪くなると、思いがけないことが起こるんですね。**二度の急変を通じて、私は人体の不思議をしみじみ感じていました。

いま振り返って考えても、あの急変は、広い意味で、なるようになった結果なのでしょう。少なくとも私には、そう思えてなりません。そして、もしこのように自分が思えなかったら、母の死はとてもつらい思い出になったと思うのです。

これまで看護師としてかかわった患者さん、あるいはそのご家族のなかには、こうした下り坂のなかで起こる突発的なことを、予測できない落ち度としてとらえ、医療者を責める人も見受けられました。

たとえば、私が最後に母にしたように、状態の悪い患者さんに食事介助をするのは、とてもリスキー。食べ物をうまく飲み込めず、最悪の場合、窒息も起こりうるからです。

私の場合は、それを考えて、自分たちでその役割を引き受けました。けれども、看護師に介助を任せた場合でも、同じことは起こりうるわけです。

その場合、看護師にどれだけ責任があるのか……。私には、もうわかりません。いや、正確にいえば、責任はあると思います。でも、落ち度があるかといわれたら？

「落ち度がなくても、窒息することはありうる」と言いたいところです。

両親を見送り、このあたりの気持ちは、なおさら強くなりました。弱り目に祟《たた》り目とはよくいったもの。父の転倒がきっかけになった死も、まさにこのパターンだったと思います。

病状が重くなると、人間はふとした拍子で命にかかわる状況を引き寄せます。それを遠ざけるには、運が必要。死なないためにも運がいるのです。

母はまだあの歳《とし》では不満足だったかもしれません。でも、何度かの急変を乗り切り、生きつづけられたこと。これは母自身の強運に加え、みんなで死に神を追い払おうとがんばった、私たちと医療者のみなさんの力も少なからずあったと思うんですね。

そして、そうした人間関係に恵まれたことも、母の幸運だったのかもしれません。

頼りになるのは血縁以外のチーム

「血縁より地縁」を実感

母は両親ともに連れ子がいての再婚同士で、家族背景がとても複雑でした。母自身はそうした事情を文章にも残しています。

ただ、その娘である私がそうした事情について書くのは、どうしても気が進みません。なぜかといえば、私が知った事情は、あくまでも母を通して知ったことばかり。相手には相手の言い分もあると思うのです。

ですから、母の親族についての詳細はあえてふれません。大事なことは、母が両親や親族とさまざまな葛藤があったこと。そして、「血縁より地縁」と言いつづける人生を選んだということです。

私がそうした母の人間観から最初に影響を受けたのは、初めのほうでお話しした、とくさんとのかかわりでした。とくさんは、父の生家で「子守りさん」をしていた女性。父子二代にわたってお世話になったことになります。

まあ、私の人生はスタートから他人に委《ゆだ》ねられ、私はその人を親のようにしたって育ちました。途中、一度ずっと離れて住んでいた祖母（母の実母）が短期間加わりましたが、私はどうしてもその人が好きになれず……。**「遠くの親類より近くの他人」**を実感するばかりでした。

この点は、母がソースではなく、自分の体験なので、はっきり書いてしまいます。

私が彼女のどこが嫌だったかというと、とくさんを明らかに見下していた点です。祖母は大事なとくさんを単なる家政婦と見て、敬意や感謝を表さず、してほしいことだけを言うんですよ。これは私以上に母の怒りにふれ、つねに家の中は緊張状態でした。

そしてもうひとつ祖母が好きになれなかった理由は、ケチだった点。ああ、書いてしまいました。ついに。そう、私はどうしても、彼女のケチなところが、子ども心に嫌だったのです。

祖母が同居していたあるとき、彼女はちょっとした義理のある買い物をしなければならなくなり、その出費を惜《お》しんで陰鬱《いんうつ》になっていました。そればかりか、ときどき激情に駆られては、「どうしましょう！」とパニックになったりもします。

たしかに、そのとき祖母は経済的な問題を抱えてはいたのですが、だからといって狂的になるほどの金額ではなかったはず。なのに、命を取られるかのような大騒ぎ。家のみんながげんなりしたのはいうまでもありません。

このケチは終生彼女について回りましたが、母の気前よさは、これを反面教師として身についたものだったのではないでしょうか。親の性質というものは、一見反対でも、やはり子どもにとって大きな影響力を持っています。

ついにうんざりした母は、支援を申し出ます。ところがそのとき、すでにとくさんが代わりに支払いをすませていて。今度は母ととくさんのあいだで、「払う、払う」バトルがはじまったのでした。

母は、祖母から聞いた金額をそろえ、とくさんに受け取ってもらおうと説得します。「あなたが払うなんてオカシイじゃない！　私が娘なんだから。お金は受け取ってちょうだい」

するととくさんは、「いいんですよ。私の勝手でやったんだから。輝子さんにいただく義理はありません。出たものはもう、引っ込みませんよ」。

「受け取ってくださいよ」

「いりません」

「それじゃ困る」

「輝子さん、私も困っています」

と、だんだん言葉がきつくなり、二人はけんか腰。でも、二人が「自分が払う」と言いあっている姿は、ほほえましい記憶として刻まれています。

母の「血縁より地縁」のメッセージは、私たち家族の現実でもあったのです。

親の家に自分のスペースを確保する

また、母の晩年を支えてくれたのは、伴侶のみっちゃんに加え、はす向かいに住んでいるご家族、そしてヘルパーさんでした。はす向かいのご家族は、奥様が私と同い年。だんな様が少し年上で、母が亡くなるときには、三人のお子さんがみな成人していました。

このご家族がその家に越してきたころ、まだお子さんは小さく、母の家によく遊びにきていたようです。それぞれに成長し大人になってからは、ご夫妻とともに、よく母の体調を気づかってくださいました。母はこのご家族を「地域家族」と呼び、いまも交流はつづいています。

母はこのご家族に合い鍵を渡し、猫の世話から何から、いろいろやってもらっていました。まだなんとか外に出て仕事をしていたときには、冬に帰ると、部屋を暖めて待っていてくれたり。このご家族があったから、母がぎりぎりまで家で過ごせたのだと、いつも感謝しています。

ヘルパーさんは何人かの人が入りましたが、とくに長いおつきあいだったのは二人。このヘルパーさんは、とくさんが家にいたとき介護保険でお願いしたのが縁で、個人的に母がお願いするようになりました。お二人ともやさしく、仕事もしっかりしたよい方。安心してお願いできました。

母自身が介護保険を受けるようになってからは、別のヘルパーさんがさらに加わりました。長年お願いしてきたお二人に比べれば淡いかかわりでしたが、短い時間でも人が必ず来てくれる心強さは大きく、母が家で暮らすうえで大きな力になったと感謝しています。

こうした母を支えてくださったみなさんの力を思うとき、娘である自分は何をしたのか、あらためて考えます。四十五歳で私が二十二年間勤めた病院を辞めたとき、母は七十七歳。亡くなる三年前でした。辞めるまでは、長時間労働で、母を気遣う余裕もなかったというのが、正直なところです。

けれども、いざ時間ができて、母の世話をするつもりで母のもとに行っても、正直いってなかなかしっくりいきません。けっして気の合わないほうではなかったと思うのですが、なにしろ二十年以上、日常的にかかわらなくなっていた母と娘ですからね。

いわば、母の健康問題が引き寄せた、強制水入らず。母もけっして本意の状況ではありませんから、どうしても気をつかいあってしまいます。

調子がよくて話がはずむときはよいのですが、母が不調で、なんとなく一緒にいるというのは意外に大変。薬の整理、風呂の介助、洗い物、買い物などなど。具体的に仕事があるときのほうが、はるかに気が楽でした。

いまもしあの状況に戻ったら、私はあの家に、自分の居場所をつくる工夫をするでしょう。**少しまとまった時間をつくって誰かの世話に通うときは、手が空いたときの控えの間を確保するのが大事。**これが実感でした。

べつに個室でなくてもいいんです。互いにちょっと視線をはずしあえる、そんな空間があると、介護の時間もリラックスできると思います。

本音は「子どもよりヘルパーさん」

結局母を支えてくれたのは、みっちゃん、近所のご家族、そしてヘルパーさん。血縁以外のチームでした。とくに、きちんと約束して来てくれるヘルパーさんの存在は大きかった。あてにならない私よりヘルパーさんにたくさん来てほしいと、母からはっきり言われたこともありました。

これは仕事でかかわる患者さんからもしばしば聞いた言葉で、やはりそうなのか、とすぐに納得しました。

「親切で来てくれるきょうだいよりも、仕事で来てくれるヘルパーさんのほうが気楽。いろいろ気をつかって遠慮しないですむから」

「子どもから『行けるときに行く』って言われるのがいちばん困る。来てほしいときに来てもらえないから」

ちなみに、こう言っていたのは、ヘルパーさんを頼みたいのに親族にストップをかけられ、願いがかなわなかった方でした。親族のほうだって楽になるはずなのに、どうしても他人を家に入れたくなかったのです。

私は他人を入れる抵抗感は皆無《かいむ》だったので、早々に自分がヘルパーさんの代わりはできないと悟《さと》り、ヘルパーさんに頼りました。「私がバイトに出て、ヘルパーさんをたくさん呼べるように、経済的支援をしよう」と割り切ったのです。

それは明らかに、母も望んだこと。親孝行にはいろいろな形があると、いまでも肯定的に考えています。

母が希望したヘルパーさんは、個人的に頼んでいるヘルパーさん。すべて自費でしたので、経済的な負担が生じる代わりに、こちらの希望でお願いできる気楽さがありました。

ただし、いろいろお世話になっていても、やはり子どもがいる限り、**子どもがしなければならないことはあります。その第一は、母の治療方針にかかわること。**いちばん大切なのは母の意思ですが、それにはある程度わかりやすく説明し、答えを引き出す仲介が必要だったのです。

また、母の場合、みっちゃんという伴侶もいましたが、事実婚でしたから、法的な決定権はありません。私が母の意思とみっちゃんの気持ちを踏まえて、決断をしていく。これが私の役割だと思っていました。

振り返ってみると、母は「血縁より地縁」に支えられ、母が発したメッセージどおりの晩年を迎えられました。それは母にとっても娘の私にとっても、もっとも快適な形であり、そのあり方を自分が支援できたことに、私はとても満足しています。

一方、介護保険は介護の社会化をめざすものではありますが、家族がいれば家族が手を貸さないと成り立たない現実があります。社会保障費が増大の一途をたどる現代では、いま以上の拡充を願っても、ない袖は振れぬといわれるのがオチでしょうね。

でも、本当にそれでこの先もいいのかどうか。母を見送ったあと、私はしみじみ思いました。自費のヘルパーさんがいなければ、いまの満足感はないと思うので……。血縁中心の介護に追い込まれる人の大変さを思うと、やりきれない気持ちになるのです。

実の親子だからむずかしい

濃い母、薄い父との関係

さきほど、母と祖母のことを少し書きましたが、親子の関係というのは、濃いがゆえに何かと複雑なものです。**親が弱っていく過程では、こちらの心情も変化し、受容的になる。**その一方で、**亡くなっても終わらない、宿題が残っているようにも思う**のです。

私は、二十歳ごろから著述を仕事とするようになり、親との関係は、看護と並んで主なテーマのひとつでした。書く仕事は思索なしにはできません。私は個性的な両親との関係を振り返り、文章に残す機会に恵まれてきたといえます。

基本的に私は、自分の人生に対する両親の影響を大きく見積もり、とくに母に対してはそのフェミニズム、護憲、平和主義などの思想に、強い共感を示してきました。自分の考え方やライフスタイルに両親の影響はとても大きく、年を重ねるにつれて、それを素直に認めるようになっています。

私から見た両親の人生を一言でいうなら、素朴《そぼく》な「反権力・反権威」の姿勢に貫かれていました。とくに母はその姿勢を社会運動や社会的発言で明確にあらわし、闘い抜いた人生だったといえます。

私はその母の遺志を継いで、「きっと母ならデモに行っただろうな」と思うようなデモには参加しています。若いころなら、「母は母、私は私」にこだわって、こんな行動はとらなかったでしょう。もっといえば、母が生きていたら、まだ「母は母、私は私」にこだわった気もする。**親が亡くなって初めて素直になれたともいえ、やはり親子は複雑だな、とあらためて思う**のです。

近しいほどに葛藤があった母に比べると、父との関係は薄味。その思い出はほどよくセンチメンタルで、心地よかったりします。

父はといえば、演劇人として生きる夢をあきらめたこともあり、母の、思想を前面に押し出して生きる人生とは、少し距離をおいていました。けれども、力あるものへの冷笑をしゃれた言い回しでつぶやく父の言葉は、私の人間観に強い影響を与えたのはまちがいありません。

父は私が高校生のころ、それまで小出しにしていた言葉をまとめ、こんなふうに語りました。父とは正月と、たまたま父の部屋に用があったときに行って話す以外、長話する機会がなかったのです。

このときも何か用があって父の部屋に行き、こんなことを言われました。

「人間はどんなふうに生まれるか、誰も選べない。性も、出生地も、親も選べない。だから、一人ひとりの境遇《きょうぐう》はものすごく不平等だったりもする。でも、誰も自分の生まれを選べないという点では平等なんだよ。そんな弱い存在であることがわからずに、威張っている人間が、僕は本当に恥ずかしい」

この感覚は深いところで母も共有していて、男性優位の社会に関するこんな発言が記憶に残っています。

「偉そうに男だからとふんぞり返っている男だって、選んで男に生まれていない。『男に生まれることは大変だけど、オレはあえて男に生まれた』という男がいるなら、お目にかかりたいわ。たまたま男に生まれただけで、なぜそんな威張れるのか。精神構造がわからない」

つまり、人生の華やかさは違っても、父も母も、「自分はたまたまこのような自分に生まれてきたにすぎない」という考えから出発している点が、共通していました。

親を捨てて大人になる

これはおそらく、たまたま戦争の時代に生まれ、それによって人生が大きく変えられた、その体験が大きいものと思われます。

母はよく空襲で亡くなった知人の話をしていましたが、「自分が助かって、その人が死んだのはたまたまのこと。生きるか死ぬかは、たまたまどこにいたかだけ」とよく話していました。

また両親が、敗戦により大きく価値観が変わったことが理解できる年齢だったのも、大きく影響したでしょう。父は十八歳、母は十四歳です。とくに国が示す絶対的な価値観を信じないリベラルな姿勢は、二人とも強固に持っていました。

そんな自由な家庭であっても、私は大人になったら出たいと思っていたのですから、やはり親子はむずかしい。どんなに風通しがよい家でも、私は出たかったんですよね。

親子の支配関係は複雑で、いかに親の思想に共鳴しても、葛藤を避けることはできないようです。そこをしっかり逃げずに組みあったのも、のちの関係に、よい影響があったと思っています。

いまの私の世代は、子どもととても仲がよいように見えます。子どもも親と暮らしつづけることにさして抵抗感もないよう。関係のよさがほほえましい一方で、「そんなに親べったりで大丈夫かね」といささか心配になったりもします。

親世代の価値観を疑い、否定して、そこから自分の価値観を育てる。大人になるにつれて、親の価値観に近づくとしても、一度は否定し、そこから飛び出したそのステップは大事だった——。そんな考えから、私はやっぱり抜け出せません。

親を捨てずに、本当に子どもは大人になれるのか。その点、私はとても懐疑的なのです。

親子はたまたまの関係にすぎない

二十代の自分が親と角突《つの》きあわせた日々も、いまとなっては懐かしい思い出です。とはいえ、私とて、いつもいつも怒っていたわけではありません。ときに心のなかでは、「あ〜あ、またか」とぼやきながらも、なるべく母が思うように動いていたような気もするのです。

一方、母にしても、私に感情をぶつけながらも、よく「ありがとう」と言ってくれました。激しいけんかはあっても、それが深刻な亀裂《きれつ》にならなかったのは幸いだったと思います。

幼いころから他人が入る家庭で育ち、母も「わが子、わが子」と囲い込むタイプではありませんでした。そんな私たちでも、やはり親子の関係はむずかしい。母の晩年、それはしみじみ思いましたね。

前にもお話ししたように、母が元気なうちは、ご無沙汰《ぶさた》ばかりだった娘でした。それでも、**親子は他人になるわけではなく、愛情とともに、逃げようのない重さがあります。**それは親の態度で決まるものではなく、子どもである私自身が引き受けている、関係の重さなのだと思いました。

そんなにも重い関係なのに、親子の関係は、偶然の産物にすぎません。私が母のもとに生まれたのは、たまたまのこと。互いにどんなに気が合っても、合わなくても、選んで親子になったわけではありません。

母が亡くなる少し前、私が食事介助をすませたあと、母は私に感謝し、手を握り、「あっちゃんはやさしいね。なんでそんなにやさしいの」と聞きました。私は、即座に「親子だから」と答えたのですが、母は本当は「好きだから」と言ってほしいのだろうな、と頭のすみで思っていました。

なぜなら母はみっちゃんによく同じ質問をし、「好きだから」と答えてもらったと、うれしそうに話していたからです。にもかかわらず、私は「好きだから」とは言えませんでした。

たしかに、母のことは好き。その気持ちは事実です。でも、仮に嫌いだとしても、私は母の世話をすると思うんですね。**親子は好き嫌いでどうこうできる関係ではありません。そこが親子の本質だと私が感じている以上、やっぱり母に手を尽くすのは「親子だから」**。そこを飛び越えて、「好きだから」とはどうしても言えなかったのです。

もしこれが夫の介護だったら、私は「好きだから」と言うでしょう。この場合はみっちゃんと同じ。夫婦は、愛情がなくなれば離婚でき、離婚すれば法的には完全に他人です。実際には愛情のみで語れないややこしい事情もあるでしょうが、それは個別の問題。親子がたまたまの関係なのに、法的に切れないことに比べると、はるかに選択的で、意志的な関係なのです。

母の最後の日々は、とにかくみっちゃんの気持ちがすむようにしたいと思っていました。**「好きだから」一緒にいる、と言える人が最優先。「親子だから」は次点。**これは人間としてのわきまえだと思いました。

この感覚は、看護師として働くときも、まったく同じ。以前から、子どもよりも配偶者の意思が優先されてほしいと感覚的に思った理由が、この間の経過で明確になりました。

とはいえ、たまたまの関係のわりに、私たち親子はよい関係でした。おそらくその背景には、両親も私も、たまたま気が合うことに感謝するゆるさがあったように思います。

母をわがままと感じたことはありましたが、厚かましいと感じたことはありません。それは「親子だから当たり前」という理由で、私を使う人ではなかったからでしょう。

それでも、やっぱり親子だから腹が立つ。本当に親子はむずかしいですねえ。

老いた人に潔《いさぎよ》さを求めてはいけない

「殺せ！」とわめいた後で完食する八十代

母が亡くなったのは、私が四十九歳になる年。私の四十代後半は、母の老いと衰えを意識した年代だったともいえます。その時期を越えて、**母を見送り、老いた人へのまなざしが少し変化した**のを感じています。

看護師という仕事柄、私は若いころからたくさんの老いた人とかかわってきたのですが、若いころは老いた人に対してずいぶん過酷《かこく》だったなあ、と思うんですよ。

二十代のころは、「ある齢《とし》まで生きたら、もういいじゃない」みたいな見方が老いへの基本姿勢。一方で、すべての人の人権を守ります、的な医療者の使命感も持ちあわせていたのですから、要は深く考えていなかったんだな、と顔が赤らむ思いです。

そんな私の老いへの過酷さをあらためて自覚するのが、二十代のときに出会った八十代の女性を思い出すとき。彼女は脳梗塞《のうこうそく》で右半身麻痺《まひ》と言語障害があり、内科病棟に入院してリハビリをしていました。

不運なことに、彼女はかなりの肥満体。元気なころから膝《しつ》関節が体重の負担に耐えきれず、歩行が不自由になっていたほどの過体重でした。健常なときからもてあました巨体を、麻痺になってから動かすのはどれだけ大変なことか。リハビリは困難をきわめました。

重い身体を支えるには筋力がいるのですが、リハビリにはどうしても膝の痛みがともないます。それを嫌がり動かないうちに、筋力はますます低下。車いすに移すのも二人がかりで、寝たきりに近い状態になってしまいました。

私の彼女についての記憶は、とにかくリハビリを嫌がり、泣き叫んでいたこと。言語障害もあって舌がもつれるので、込み入った会話はむずかしくなっていました。「行かない！」「嫌です！」という二つの言葉だけがはっきり聞き取れ、それでも、とリハビリを勧めると「殺せ！　殺せ！」と大泣きされたものです。

そしてもうひとつの記憶は、食への強い執着《しゅうちゃく》です。

彼女は食べこぼしが多く、ビニール製のケープを掛け、たいていはベッドの頭の部分を起こして食事をしていました。不慣れな左手で食べこぼしては、その食べこぼしを手づかみで食べ、ほぼ毎回完食。その姿は意欲という言葉では表現しきれず、執念というほかない、鬼気迫る迫力があったのです。

まだ二十代で若かった私は、「殺せ！」とわめいた後で、万難を排して食事を完食する、このギャップが容易に受け入れられません。「死にたいなら、なぜあんなにも食べるのだろうか？」と、身も蓋《ふた》もない疑問も感じました。

いまなら、そうした割り切れなさ、矛盾《むじゅん》のなかに人間の味わいがあると思えるのですが、若いころは、割り切って躊躇《ちゅうちょ》なし。結果として、老いた人にも潔さを求めていたのです。

いざとなれば生き延びようとするもの

作家の山田《やまだ》風太郎《ふうたろう》は、「早死には本人の不幸。長生きは他人の不幸」、そんな名言を残しました。これは長寿の暗部を明らかにする言葉だと思います。

「人に迷惑をかけないで死にたい」

「子どもに世話をかけずに死にたい」

多くの高齢者がこう言いますよね。元気なうちから人の手を借りてでも生きつづけたいと言う人は、そうそういないでしょう。では逆に、人の手を借りて生きはじめた人は、すぐに死にたいと思うのか。いろいろな人の老いを見送るなかで、私はそうも思えません。

年を重ねるなかで多くの人が、人の手を借りる機会は増えていきます。**「人に迷惑をかけないで死にたい」「子どもに世話をかけずに死にたい」と言っていた人も、いざそうなれば、人の手を借りて生きていく。**

これは変節・宗旨替えというより、人間本来の生存本能から見て、当然の変化でしょう。言い換えれば、生きる意欲。人間はそうそう潔《いさぎよ》くは生きられないのです。

そして、いざ人の手を借りて生きはじめると、**手を借りるたびに「申し訳ない」では身が持ちません。初めは恐縮していた人が、だんだんそれを当たり前と考えるようになる。**こうした変化も、多く目にしてきました。

母の場合、「申し訳ない」と思うよりも「ありがとう」と言える人だったので、かなり後のほうまで、感謝の言葉をかけてもらいました。けれども、そんな母であっても、だんだん病状が厳しくなれば、不機嫌にものを頼むようになる。これはやむをえないことでしょう。

しかし、世話をする者にとっては、やはりどうしてもつらい。この気持ちをなかったことにはできませんでした。

生きることはそれだけ切実な問題。切実さを増すほど、生き延びることに注力せざるをえないのですよね。そう考えれば、患者さんには、多くを求めては気の毒。看護師として働くなかで、私が出している結論です。

また、**どれだけ手がかかるようになるかは、その人自身が決められることではありません。どんな病気になるか、どのように衰えるかは、時の運もあるからです。**

母の場合、多くの病気をし、それを生き延び、多くの人の手を借りて生きる期間がありました。思うように仕事ができずにいらだつ期間も長かったと思います。

下卑《げび》た人でも、あっけなく亡くなれば醜態《しゅうたい》はさらしませんし、その逆もありえます。高潔な人でも、苦痛が強ければ、声のひとつも荒らげるでしょう。

つまり、**苦痛や衰えによって、人間性が試されるかどうか。これも運なのです。**

結果として、母は、人間性が試される経過になりました。これを思うと、母に限らず、**晩年の様子で人間性を問うてはいけないな。**そんな気持ちになるのです。

両親を亡くすということ

心理学者のユングは、四十歳から五十歳の時期を「人生の正午」と呼び、老いに向けての下り坂への移行期ととらえました。

五十三歳の私はまだこの途上にいるわけですが、**老いは、親の問題から自分の問題に移ってきました。両親を亡くすというのは、そういう変化でもあるのです。**

けれども、まだ五十代なので、老いは少し他人事《ひとごと》。それでも、疲れがとれにくくなったり、五十肩に半年近く悩まされたり、無理に肯定的にとらえる必要もない代わりに、そうそう嫌がるものでもないように思えます。

わが身に避けられないものなら、悪くばかり考えても仕方がありません。これまでに見てきたいろいろな人の老いを参考に、多少はましに過ごせるだろうか？　せっかく多くの人の老いや死を見送ってきたのですから、そうだったらいいな。そんな気持ちにもなるのです。

最近よく思い出すのは、亡くなる前に、ふと垣間《かいま》見えた母の寛容さ。思い出は美化されるといいますが、たしかに、時間とともに救われる思い出がよみがえっています。

いよいよ具合が悪くなってから、母はたびたび譫妄《せんもう》（意識がはっきりせず、頭が混乱している状態。幻覚、妄想《もうそう》をともなうこともある）になりました。私がいないとナースコールを連打。周囲に大変な世話をかけてしまう母に、涙ながらにこう言ってしまいました。

「バイトに行かなくても、生活はなんとかなると思う。でもやっぱり、全部の時間を輝子さんに捧げる気持ちになってあげられないの。輝子さんがつらいのはわかるし、できるだけのことをしてあげたい。でも自分の人生もあきらめられないの。輝子さんが私の立場だったら、どうするかな？」

当時私は本当に切羽詰《せっぱ》まっていました。博士論文はまるで進まない。何もかもが中途半端。いま思えば、母にあたっていたところもあったかもしれません。申し訳ないことです。

母は、きょとんとしましたが、少し考えたふうで、こう言いました。

「私にはわからない。あっちゃんはまだ四十代で、まだまだやりたいことがたくさんあるでしょう？　私は八十歳で、やりたいことはずいぶんやってきた。あっちゃんは途上の人。途上の人の気持ちは、私にはわからない」

私はこの言葉を聞いて、さすが輝子さんだなあ、と感動を覚えました。この「わからない」というのは、考えれば考えるほど、すばらしい答え。どちらが譲歩すべきかという議論を飛び越える、別解だったと思うのです。

人生の正午を超えて、老いは日々近づいています。おそらくは潔くは終われない。それを頭のすみで覚悟しながら、多くを人に求めず、そこそこ楽しく生きていく方法を考えたいと思います。

第三章　やるだけのことはやった満足感

母の最後に後悔なし

まさに「グリコ」な気持ち

ここまでは、親との関係を通して、主に老いること、弱りながら生きることについて、書いてきました。ここからは、両親を見送ったあと、これからの人生について、あれこれ思ったことを書いていこうと思います。

母が亡くなってからこの四年、私は母の死についていろいろな場でお話ししたり、書いたりする機会がありました。細かい語り口は違っても、基本的な立場は、「いたらない点は多々ありましたが、後悔は何もありません」。

あるとき、母のことを知る人に、母を見送ったいまの気持ちを、**「気持ちはグリコ。両手を挙げて、万歳しながら完走した気持ち」**と話したところ、明らかに驚かれてしまいました。まずい。死んでほっとした、と思われたのではないか――。そう思った私は、

「亡くなったのは淋《さび》しいけれども、やるだけのことはやったという満足感があるということです」

と急いでつけ加えました。

あぶない、あぶない。うかつに言うと誤解されてしまいますね。でも、この「グリコ」の比喩《ひゆ》は不《ふ》謹慎《きんしん》ととられるリスクがあっても、そのときの私の気持ちに、フィットする表現ではあったのです。

もちろん、まったく反省がないとはいいません。いまもふとしたきっかけで「ああ、母もこんな気持ちだったのだろうなあ」とあらためてわかることがあります。

先日も、通勤で使っている駅の構内で、通勤・通学で先を急ぐ人々の波のなかに、動けず固まった高齢女性の姿を見つけました。「端《はし》に寄らなければ危ないのに」ととっさに思いましたが、すぐにはっと気づきました。

彼女は完全に力尽き、身動きできませんでした。端に寄りたいのはやまやま。しかし、その力がもう残されていなかったのでしょう。

よく見ると、そばにお嬢さんらしき人が付き添っています。母親らしき人の腕を取り、支えながら、結果として人の波を一緒にせき止めている。けれども、**身動きできない人に動い**

てもらうには、時間が必要なのもまた事実なのです。

こんなとき、私はいつも「危ないから立ち止まらないで」と、ぐいぐい母を引っ張ってどかしていました。息苦しさが強かった母は、気持ちがあっても動けなかったはず。その状況への理解が、私は明らかに不足していました。

いまさらわかっても遅いと思う反面、こうならなければわからなかったとも思う。**やっぱり人間は、他人のつらさはわかりません。**せめて、そのことをわきまえておかなければいけませんね。

それでも自分が看護師として得た知識を総動員して、必要な医療を受けるように勧められたこと。その結果、母が仲のよい人たちに囲まれ、よい時間を過ごせたのは確かでしょう。ささやかながら、そんな自負はあります。

でも、人間の気持ちは、時間によって大きく変わります。あらためて、母が亡くなった直後に更新した自分のホームページから、その日の記述を読み返してみました。

２０１２・４・17（火）　母が亡くなりました

6日ぶりの更新は悲しいお知らせです。母が亡くなりました。

このサイトを見て、母の容態を気にかけてくださっている、母の友人のみなさま。本当に多くの励ましをいただきありがとうございました。

以下にご報告させていただきます。

母・吉武輝子、12月21日より膠原病《こうげんびょう》治療のため東京厚生年金病院に入院していましたが、4月17日午後1時14分肺炎のため亡くなりました。享年《きょうねん》80。通夜、告別式は以下のようにおこないます。
通夜4月20日（金）　午後6時～7時
告別式4月21日（土）　正午～午後1時
いずれも毘沙門天善国寺《びしゃもんてんぜんこくじ》（新宿区神楽坂5－36）
問い合わせ先（省略）
膠原病、慢性《まんせい》呼吸不全、大腸《だいちょう》がん、慢性骨髄性白血病《こつずいせいはっけつびょう》と多くの病気を抱えながらの晩年でした。多くの方々に支えられ、天寿を全《まっと》うできたことを心から感謝いたします。

今朝7時に朝食介助をしたとき、夜間譫妄《せんもう》がひどく、疲れ果てた感じでした。

かなり励まして食べさせたのですが……。これが最後のお世話になりました。

誤嚥《ごえん》での急変が疑われる状況で、ひょっとすると食べさせないほうがよかったのかも……と思ったりもします。でもやっぱり、母の生きようとする気持ちに応えるには、あれしかなかったんじゃないかな。いずれにしても、母は限界まで生ききったと思います。支えてくださったみなさまに、心から感謝。

19日引っ越し、20日お通夜、21日告別式となるため、しばらく更新は途絶えます。ご容赦《ようしゃ》ください。m(_ _)m

ちなみに、「19日引っ越し」とあるのは、私たち夫婦の引っ越しです。母の病状が悪くなる前から、私たちは、自宅を建て替えるため、この日に近くの借家に引っ越すことになっていたのです。

すでに元の家は取り壊しが決まっていて、もはや後には引けません。よって、四月十七日に母が亡くなった日から十八日一日だけおいて、十九日が引っ越し。さらにその翌日から、お通夜（二十日）、告別式（二十一日）と、まさに綱渡りの日程でした。

この文章を読み返して、あらためて、当時のあわただしさを思い起こしました。また、誤嚥を引き起こした介助に動揺はありつつも、最終的には「あれしかなかった」。

やはり、亡くなった直後から、私は母の最後に後悔なし。「グリコ」だったのだと再確認しました。

看取りに後悔はつきもの

ここで私は、はたと考え込むのですが、このあっけらかんとした感じは、はたして私のキャラなのでしょうか。

私はもともとさっぱりした人間ではなく、くよくよ思い悩むほうだと思います。たとえば仕事のうえでは、うまくいかなかった場面を何年たっても思い出しますし、定年までいるつもりだった職場を勤め上げられなかったことを、いまも引きずっています。

この調子でいけば、母の看取りについても、もっと後悔があって当然。そんな気もするんですよ。実際、「母に厳しすぎたかな」とか「不人情だったかな」と思う点も、ないわけではありません。

にもかかわらず、こうした気持ちを後悔として引きずらないのは、なぜなのでしょうか。

理由は二つ考えられます。

まず初めに、私は、看護師という仕事を通して、多くの看取りから**「看取りに後悔はつきもの」**と痛感していました。

後悔は、何をしたか以上に、結果の善し悪しに左右されるものに見えます。結果が悪く出てしまえば、そこにいたるまでのよいかかわりを、すべてだめだったととらえてしまうのです。

また、後悔の内容では、**「なぜやさしくできなかったのか」という態度の後悔と、「あの方針を選んでよかったのだろうか」という主に治療方針をめぐる後悔が大きい**と感じてきました。

このいわば二大後悔にいたる要素が、私にもなかったわけではありません。先ほどもお話ししたように、「母に厳しくしちゃったなあ」という気持ちはいまもありますし、また、「自分ががんばって食べさせて、詰まらせちゃったのだろうなあ」とも思うんですよ。

ただ、いずれについても、**ほかにやり方があったように思うのはいまだから。それが起こった時点では、あれ以外にやりようがなかった**というのが、私の考えです。

まだ先があると思えば、先々のことを考え、意見のひとつもしてしまいます。母の場合、悪い状態におちいってはそこから何度も復活していました。もう先がない人だから……、という感覚は、ほとんどありませんでした。

また、誤嚥を招いた食事介助についても、結果が出たからそう思うにすぎません。

たしかに、誤嚥の危険があるから食事はたくさん食べさせない、というやり方もあったでしょう。しかし私は、母を励まし、かなりがんばって食べさせることを選びました。

この結果、母は生きる希望を得た代わりに、最終的に誤嚥という最後を迎えたのですが、食べなければ食べないで、生きる可能性は限りなく低くなったでしょう。

あとから選択を悔《く》やむとき、この「どちらかだけを選ぶのは不可能」という大前提がどこかに行きがちなものです。実際のところ、**生きる可能性と誤嚥する可能性、この二つはセットであり、どちらかだけを選ぶのは不可能だった**はずです。

このように、仕事のなかでは、後悔するご遺族を多く見てきました。だから、「母にもしものことがあったら、後悔はするかもしれないが、だからといって、何か失敗をやらかしたとは限らないとわかっておこう」。そんなふうに自分のなかでは、考えていました。

たいていの場合、看護師として体験していても、「いざ自分のことになるとね……」という話は多いもの。一方で、「そうはいっても、無理かな」とは思っていたのです。

ところが、看取りと後悔については、仕事のうえでの体験がそのまま生きたように感じています。本当にこれは、ありがたいことでした。

後出しじゃんけんみたいな後悔は、なるべくならしないですむに越したことはありません。

悔やむかどうかは親のキャラ次第

次に、私が母の死について、悔やむ気持ちがない二つ目の理由は、母のキャラクターが影響している可能性があります。

私のネガティブな性質よりも、母のポジティブな性質が勝った結果、後悔はゼロ。突飛《とっぴ》に聞こえるかもしれないのですが、そう考えるのが、私にはいちばん納得がいくのです。

母はフェミニズム、反戦の活動家で、攻撃的といわれることをけっして怖れない人でした。闘士のイメージも持たれていたのですが、一方で、人に褒《ほ》められるのが大好きな、かわいらしい人でもあったのです。

何かがうまくいかずしょげていても、褒められると喜んで、またがんばる。母亡きあと、私がよく思い出すのは、褒められて喜んでいた母の笑顔なのです。

ですから、葬儀に関連したことは盛大にやろうと、みっちゃんと二人でがんばりました。

葬儀と結婚式は、掛け値なしに人が褒め称えられる場。遺影を見ながら、「ほら輝子さん、こんなにたくさんの人が来てるよ」と心のなかで話しかけると、遺影がイヒヒと笑ったように見えて、笑いをかみ殺してしまいました。

また、母は生前からいろいろな人の偲《しの》ぶ会に出ては、自らのときを考えていたようです。亡くなったその日から、母の友人から偲ぶ会を開きましょう、という声をかけていただきました。

「盛大にやってほしいって言っていたわよ」

「食べ物はおいしいのがいいって言ってた」

などなど。いろいろな仕掛けをして、母はこの世を去ったのでした。

そして、私とみっちゃんは、多くの母の友人の力によって、盛大な偲ぶ会を開き、大いに盛り上がりました。きっと母はあの世で大喜びしていたことでしょう。

母はそんなイメージがふくらむような、じつにユニークなキャラでした。こうして、**私に残る母の看取りの思い出には、母のキャラが色濃くあらわれている**のです。

私はこれまで、遺族の後悔というのは、遺族のキャラクターに依存すると思っていました。

でも、その看取りがどのような思い出として残るかは、故人が自分の体験をどのようにとらえているか、それにかかっている部分も大きいでしょう。そう考えれば、看取りの後味が、送る人間のキャラクターだけでなく、送られる人間のキャラクターでも大きく違うというのも当然かもしれません。

私の場合は、母のキャラクターのおかげで、後悔はしないですみました。さらには父のときも同様。看取りの後味はサイコーの部類に入るでしょう。

看取りの後悔は、なるべくないほうがよいと思います。人間がやることに、完全はありえません。誰しも、「いまだったらこうはしないなあ」と思う点もあります。だからといって、そのときどきでは、最善の選択をしていると思うんですよ。

私はこの「後悔しない」体験を、これからの人生に生かしていくつもりです。

親から解放されるということ

親の死はおびえからの解放

父と母、二人の命日はいずれも四月。父が十五日、母が十七日です。けっして円満な夫婦ではなかったのですが、命日はわずか二日違いでした。

いまも、桜の花が咲くと、両親を見送った当時を思い出します。二人とも三月半ばから病状が悪化。桜の時期には重篤《じゅうとく》な状態になっていました。

二人ともお世話になった病院は飯田橋駅近く。自宅の吉祥寺駅からJR中央線に乗ると、市ヶ谷駅から飯田橋駅のあいだは、お堀端の桜が車窓から見えたものです。

毎日満開の花を見ながら、その日が近いと思う――。そんな経過でした。桜の花を見ると、あの苦しかった時期を思い返します。もう生還はないだろうな、と覚悟しながらの日々は、その日がいつか、おびえる日々にほかなりません。

このおびえる日々のつらいこと。だからでしょう、**両親が亡くなったその瞬間、私は確実に解放感を味わいました**。そして、「やっぱりなあ。**いつかはこの日が来るんだなあ**」。なんとなく、裏が取れたような気持ちにもなったのです。

多くの患者さんの死に立ち会うなかで、**どんなに嘆《なげ》き悲しんでいるご遺族にとっても、死はひとつの解放なのではないか**。そう思った瞬間が何度かありました。

もう二十年以上前の話ですが、肺がんのため四十代で亡くなった男性がいました。同年代の妻とはとても仲がよく、お子さん二人は高校生。父親を慕っている様子が、いまも記憶に残っています。

いよいよ病状が悪くなってからは、妻が病室に泊まり、子ども二人も入れ替わり立ち替わり付き添っていました。亡くなったときには、みなさん大泣き。本当に温かいご家族でした。

一段落つき、荷物をまとめているとき、妻はぽつりと「ああ、終わったのね」。お子さん二人はそれぞれに、「お葬式とか落ち着いたら、部活に行ける」「友達と約束入れる」。

これを聞いて、ああ、この人たちは十分がんばり、いま解放されたんだな。そう思いました。**「いつ死んでしまうのだろう」とおびえる必要はもうありません。いちばんつらい瞬間は、もう終わったのです**。

渦中《かちゅう》にいる人は、なかなかこのようには思えません。いまの苦しさが永遠につづくような気がする。私でさえ、そうでした。

それなら、誰かが「ずっとつづくわけじゃないんだよ」と言ってあげるのもよいのだろうか。そんな気にもなります。けれども、やはり不謹慎に思えて、言えるものではありません。

親の死は親の死へのおびえからの解放。これは事実だと思います。

いうまでもありませんが、おびえるのが嫌だから死んでほしい。そんな気持ちはありません。死んでほしくないからこそ、死におびえる。人の死は、いろいろと複雑な感情を呼び覚まします。

親の死は権力者からの解放

母が亡くなってから時間がたつにつれ、私はまた別の意味で、親からの解放を考えるようになりました。**もう親に頼れないという事実とともに、ここからが本当の自分の人生なのだ。そんな気持ちがわいてきたのです。**

私は思想的には母親の影響を強く受け、「あの母のもとに生まれなかったら、いまのように生きていないな」。そんなふうに思うことがよくあります。

たとえていえば、色に染められたというのではなく、強い磁場に引き寄せられたという感じがフィットします。かなり磁場が強かったので、私自身もなんらかの磁気を帯びているかもしれません。

要は母の影響が強い人生なわけですが、私はそのことになんら恨《うら》みはありません。幸運なことに、この人生でまあいいや、と思っているので。ただ、もう一回生まれ変わるとして、あの両親のもとに生まれたいかと聞かれたら、即肯定はできないですね。

流れによっては一家決裂《けつれつ》。そんな山場を、幸運ですり抜けてきた気がします。次も同じ幸運がくるとは限らない。そう思うと、いまがいいからといって、次回もよろしくとはならないのです。

どんなに気が合う親子でも、子どもにとって親は絶対的な権力を持っています。これを意識したのは、母の言葉からでした。

まだ小学生だったころ、何気なく、母に「ママと私は友だちだよね」と言いました。すると母は激怒。「親子は友だちなんかになれません!」。つづいて、「親は子どもにとって権力者なのよ」。

母のイエス、を疑わなかったので、ものすごくショックでした。でも、この出来事は、その後の母との関係を物語っています。母は私に対して基本的に民主的な人でしたが、たしかに、親子の関係には力関係が潜《ひそ》んでいます。

母は、それを隠蔽《いんぺい》して仲良しごっこをするのは嫌だったのでしょう。そこに、とても母らしい誠実さを感じます。

そんな母は、こんなこともよく言っていました。

「私は三十二歳であなたを産んだから、**一緒にいられるのは五十年くらい。親子の関係はそのくらいで十分よ。親はしょせん権力者だから、適当なところで消えないと**。私みたいに、子どもは年とってから産んだほうがいいわよ。若くて産むと、親子関係が長すぎる」

三十二歳で遅い出産、というのは、これこそ時代の変化でしょう。私が生まれた昭和三十八（一九六三）年あたりは、三十二歳でも、初産《ういざん》としてはかなり遅いほうでした。

なにしろ当時の初婚の平均年齢が、男性二十七歳、女性は二十四歳という時代です。初産の平均年齢を見ると、手近なところでいちばん古いデータが昭和五十（一九七五）年の二十五歳。三十歳を超えるのは、平成二十三（二〇一一）年です。

老いが現実的になってからは、さすがにこれは言わなくなりました。これは考えを変えたというよりは、死にたくない気持ちが強まったからでしょう。そうしたちゃっかりしたところも、私は好きでした。

母が亡くなったのは、私が四十九歳になる年でした。偶然とはいえ、母の言っていたとおりになったわけです。

親の磁場から出た人生を生きる

母の磁場から抜けて、私がいちばん変わったのは、フェミニストの立場を明らかにするようになったことです。べつに昔から隠していたわけでもないのですが、心のどこかで、母とあまりにも同じだと恥ずかしい。そんな気持ちがあったのでしょう。

とくに思想的な部分については、ルーツが親では心許《こころもと》ない気がします。私ならではのオリジナリティーを求めていくと、母と私の差異に立脚したくなる。私の場合、それは看護でした。

ここでひとつ、困ったことが起こります。看護は元祖職業婦人ともいえる仕事なのですが、フェミニズムとの折りあいはどうもうまくありません。

それがよくわかるのは、フェミニズムの立場にたつ研究者の視線です。介護は対象分野になっても、看護は無視されるんですね。これは、私たちの業界が長年フェミニズムに背を向けてきた報《むく》い。原因ではなく結果なのだと思います。

実際、看護の世界は、フェミニズムに背を向けてきました。専門職であると主張する反面、いまだに「女性ならではの仕事」を誇る向きがありますし。医師との封建的な関係にしても、性差別としてとらえず、基礎教育の違いばかり見ようとします。挙げればキリがありません。

私は、看護師になろうと決めたとき、フェミニストの自分は封印して働く覚悟をしました。そうしてでも、この世界に入りたいと考えたからです。ほかの仕事に比べれば、性による差別を感じないですむようにも思えました。

この予想は当たり、私はこの世界で三十年目を迎えようとしています。職業人としての折り返し点は過ぎています。これからは自分がこうあってほしいと思う社会づくりに貢献したい。そう思ったとき、自然に、フェミニストとしても生きようと心が決まったのです。

いまは執筆のテーマにも、性差別に抗する視点を増やし、ときにはデモや集会にも参加しています。また看護の世界では、研究者として、看護とフェミニズムをテーマとした論文を書く予定。いままで関心がありながら注力しなかったことに、エネルギーを傾けようと思っています。

私は母の磁場から離れることで、母の思想に近づいてきました。この理由はわかっています。母に近いか遠いかが、尺度として機能しなくなった。だから、自分がイエスならイエス、ノーならノー。それが母親と一緒でも、いまは気になりません。

いまあらためて、三十年前を生きた先輩として母を見たとき、たいしたもんだと思います。

まだ女性が大学に行くのが珍しかった昭和二十年代に、大学を出たこと。

自由に働くために、住み込みで人を雇い、四十年一緒に暮らしたこと。

出産で左遷《させん》されたあと、評論家として身を立てたこと。

誰にでもできることではありません。

母の人生は、母の並々ならぬエネルギーが多くの幸運を引き寄せ、可能になった人生でした。あまりにも特異であり、身近にいた私でさえ、手本にならないと感じたほどです。

でも、こうした先輩女性がいたからこそ、私たちは少しずつ自由になりました。そのことを忘れてはいけないと、強く思うのです。

母のもとに生まれたのは単なる偶然でした。この事実は変わりません。けれども、その偶然をいかに生きるかは、私にかかっています。母亡き後に、新たに選び取った人生として、私は母のフェミニズムを引き継いでいく。これは親から解放されたからこそ可能になった、私自身の選択なのです。

第四章　上手に老いてゆくために

いつまで働きつづけるか

ここからは私自身がこの先、自分の老いについてどのように考えるか。そのことについてお話していきます。

私は母から、「女性も働くのが当たり前」という教育を受けてきました。ですから、働くのは当たり前という感覚で、これからも働きつづけていくつもりです。

とはいえ、やはりいつかは、仕事をリタイヤするときがくるでしょう。できればそれは、ある程度は準備した後の退職であってほしいもの。しかし、不運にも、病気や思いがけない出来事からやむなく、という形もありうるわけです。

「下流老人」の現実

いま「下流老人」という、高齢者の貧困を表す言葉が、あちこちで聞かれます。私たち夫婦も買い物をしすぎそうなときは、「こんなにお金をつかっていると下流老人になっちゃうから気をつけよう」と自重《じちょう》。便利に使っている一方で、この言葉が生まれてきた背景はとても深刻だとも感じています。

この言葉はもともと、社会福祉士で、生活困窮者《こんきゅうしゃ》を支援するNPOで活動する藤田孝典《ふじたたかのり》氏の造語。平成二十七（二〇一五）年に藤田氏が書いた『下流老人――一億総老後崩壊の衝撃』（朝日新書）という著作で、一気に知れ渡りました。

この本のなかで藤田氏は下流老人を「生活保護基準相当で暮らす高齢者およびその恐れがある高齢者」を指し、平成二十七年現在で日本国内に推定六〇〇万～七〇〇万人いると述べています。

また、判断の指標としては、

1　（高齢期の）収入がいちじるしく少ない

2　十分な貯蓄がない

3　周囲に頼れる人間がいない（社会的孤立）

と三つを挙げていますが、病気や事故、経済的に自立できない子ども、離婚などにより、この範疇《はんちゅう》に落ちる人もおり、現役時代そこそこ収入があっても安心はできないように読めます。

私はいま、精神科病院の訪問看護室で働き、まさに病気によって収入の道が断たれ、生活保護や障害年金などで生活している人と、多くかかわっています。

看護師として、病気を持つ人に対して「下流」という言葉を使って語るのは、とても抵抗感があります。けれども、指標に基づいて判断すれば、**仕事でかかわる高齢者のほとんどが下流老人。そして、若い人はその予備軍**ともいえるでしょう。

いちばん貧しいのは、生活保護にぎりぎりかからないような年金生活者。同じ程度の現金があっても、医療費の支払いが必要な分、年金生活者は出費が多くなります。

医療費も切り詰めるような人では、こちらから生活保護を勧める場合もありますが、「ほどこしを受けるのは嫌」と拒否する人もいたり。人によって大事にしているものは違うので、なかなか立ち入れません。

いろいろな人とかかわるほどに、人生、一寸先は闇だとも感じます。いま元気に働いていても、いつ何時、病気にならないとも限りません。やはり自己責任と切り捨てず、社会で助けあう仕組みを維持する必要がある。この気持ちは、いまの仕事について、とても強くなりました。

お金をつかわず貯めるのが基本だが

いうまでもなく、流行語には、その時代の気分が強く反映します。年金はいったいいくらもらえるのか。社会保障制度は持つのか。認知症になったらどうする……。将来への不安が渦巻く社会にあって、「下流老人」という言葉は、多くの人に「こうなったら大変」と思わせる、具体的なイメージを与えたのでしょう。

試しにインターネットで「下流老人」と検索すると、いろんな記事が出ます。そして、読めば読むほど、たしかに他人事《ひとごと》でない気がしてきます。

たとえば、こんな記事を見つけました。一部抜粋します。

50歳で手を打たないと下流老人に！　専門家、老後の赤字ケースを試算

(http://dot.asahi.com/wa/2015072400068.html)

50歳、会社員。「定年までまだ10年ある」と、老後のプランを先送りにしている人もいる

ことだろう。しかし、その10年が勝負なのだ。夫は会社員、妻は専業主婦の50歳家族をもとに、今後40年間の家計や資産のゆくえをシミュレーションしてわかったのは、いま家計を立て直さないとその先に待っているのは〝下流老人〟という現実だ。

「会社員家庭では、50代前半に金融資産残高がマイナスになる『破産の危機』が訪れる可能性があります。収入がほぼ頭打ちになる中、子どもの大学進学や住宅ローンの返済などで支出が膨れ上がり、家計を圧迫するためです」

こう話すのは、ファイナンシャルプランナーの藤川太さんだ。金利の高い時代に組んだ住宅ローンや年齢とともに上がる生命保険料、私立大学に通う子どもの教育費など、思い当たる人も多いことだろう。

しかし、藤川さんはこうも言う。

「50代は人生最後の『貯（た）め時』でもあります。ここで意識を切り替えて、『お金が貯まる家計』への体質転換ができるかどうかが、老後の運命の分かれ道です」（以下省略）

以下、そのままお金を貯めないとどう転落するかが述べられ、後にその対策が出ているのですが、**なんだかんだいっても、基本はなるべくお金をつかわないこと。これに尽きる**ように読めます。

そのほかずらりと検索画面に出てくる記事も、対策は似たり寄ったり。**なるべくお金をつかわずに貯めておくのが基本。**貯め方として、投資を勧める記事なんかもあっても、基本は変わりません。

私たち夫婦は子どものいない共働きで、先の文章にある「収入がほぼ頭打ちになる中、子どもの大学進学や住宅ローンの返済などで支出が膨れ上がり、家計を圧迫する」リスクは少ないわけです。

けれどもこの家族構成は、収入があるからいいだろうと浪費をして後で困る、キリギリスパターンになりやすいらしい。そんな指摘も、いくつかの記事で見ました。

実際私たちは、気に入ったものを集める傾向があり、これまでにかなり散財しました。正直いって、後悔している出費もなくはない。「あの○○をあんなに買わなければ、もう少し大きな家が持てたかしら」なんて、夫と苦笑することもあります。

ただ、これはもう考えても戻らない話。若いうちにつかった分、あとから切り詰めなければならない事態が起きたとしたら、そこはあきらめる。そこさえ腹をくくれば、それでいいと思うことにしています。

定年後は「妻が仕事、夫が家事」

それにしても、夫婦が定年する時点で、いったいいくら貯金があれば安泰なのでしょうか。夫婦二人で三千万円程度という人もいれば、一億円近い額だという人もいます。不動産は別？　退職金は別？　いろいろな人が計算していますが、正直よくわかりません。

しかし、その金額を目標にすると考えたら、実現性も考える必要があります。うちなんか、仮に一億円といわれたら逆立ちしたって無理ですよ。でも、三千万なら、それよりは現実的。それでも大変ですが、低い額ほどがんばろうという気持ちにはなりますね。

私たち夫婦の場合、お金を増やすのにいちばん有利な点は、妻の私が夫並みに収入を得つづけているという点です。サイトや雑誌で目にする老後生活のシミュレーションは、いまだ妻が専業主婦の世帯がモデルになる場合が多く、私たちは恵まれているな、と感じています。

現時点で、女性はある額を超える収入を得ると、税制上の控除《こうじょ》や社会保険料の免除が受けられなくなる、金額的な壁が存在します。そのため、その金額を超えないように働く人も少なくありません。

これも女性の賃金を押し下げる要因になっているとの指摘もあり、見直しの必要性がつねに指摘されています。しかし、立場の違いによって利害が異なるため、まだまだ見通しが立たない状況です。

とはいえ、この先の人生を考えた場合に、現金収入の可能性というのは、なにより大きな安心材料になります。私は、この先、書く仕事はなくなるかもしれませんが、**看護師の仕事は、当面なくならないはず**。実際、私の周囲には、七十歳を過ぎて現役の人もいるんですよ。

少し前の看護雑誌では、九十歳の訪問看護師が紹介されていました。知人の病院には、八十代の看護師が夜勤をしているとも聞きます。私が望めば、そして体調さえ許せば、この先もまだまだ働けそうです。

一方、夫の場合、希望すれば定年延長で六十五歳までは働けますが、その先の再就職は厳しいでしょう。いまの予想では**夫が家事を多く負担し、私がたくさん働くかもしれません**ね。いまは私のほうが勤務時間が短く、さらに職住接近。かつ、家で仕事をする日が多いので、家事は私のほうが多く分担することになっています。

子どもがいないわが家では、家事の総量はたかが知れています。夫も家にいるときはせっせと家のことをしますから、日本の家庭においては、私は家事負担の少ない妻にちがいありません。

それでも、家事がけっして好きではなく、ほんとうは完全に半々にしたい私としては、ちょっと不本意。なにより、「男は仕事、女は家事」のありがちな形をなぞる点が、な～んかすっきりしません。ですからこの先、夫が私より先に勤めを終え、家事を多くになってくれるなら、願ったりかなったりなのです。

世の中には、フルタイムで働いてきた女性のなかにも、「これまでずっと家事を任されてきた」という不満を抱える人は、とても多いと思います。「自分ばっかり！」の感覚は、恨《うら》みにつながります。これは夫婦の爆弾。少しでも解消できるといいですね。

そのためにも、**夫は定年後のある時期、中心的に家事をになってはどうでしょう。**夫の生活能力アップのためにも、老後への準備としてお勧めします。

男性のほうが年長の夫婦が多いことを考えれば、これは現実的なライフスタイルではないでしょうか。

人生のリスクと向きあう

自立できない子どもの問題

先に述べたように、私が働きつづけているのは、母からの大きな影響があります。それは語られた言葉だけではありません。私自身が、実際の生活から汲《く》み取ったものも多かったように思います。

母は気前よくお金をつかうのですが、それはすべて自分で稼いだお金なわけです。この計画性のなさが思わぬ困窮《こんきゅう》を招いたこともありましたが、トータルで見れば、大人になることのいいイメージにつながりました。

私は早く大人になりたいと思い、それには経済的な自立が絶対条件。この感覚でずっと生きてきたからこそ、いまの満足感があるのだと思っています。

女性看護師仲間の多くは、生まれ育ちは違っても、こうした自立心が強い人たち。基本的に気が強い集団なので、揉《も》めごともないわけではありません。それでも、働きつづけようとする人が多いのは、とても心強いのです。

しかし、大人になったら自分で食べていくのが当たり前、という価値観だけでは割り切れない。そんな出来事も、たくさん起こっています。

いまは経済的な自立がむずかしい四十代、五十代の中高年もたくさんおり、「中高年ニート」としてたびたびメディアでも取り上げられています。私の周囲にも親の年金で暮らしている人がいて、報じられている内容は、あながち盛りすぎでもないようです。

先ほどのいわゆる下流老人になるリスクのなかに、病気や事故、離婚などと並んで、「経済的に自立できない子ども」が挙げられていました。病気や事故なら予測できなかったというのもうなずけますが、「経済的に自立できない子ども」はどんなものでしょう。

そこにいたるまでに、なんとかやりようがなかったのか。年齢がいけばいくほど、習慣の点でも、求人の点でも、働くのはむずかしくなる一方です。

たしかに病気がからんでいる場合もあって、いちがいに親の責任とはいえません。でも、発症に責任があろうとなかろうと、親のかかわりがその後を左右する場合があるのも、また事実。親の質も含めて、子どもが生まれてくる環境には、当たりはずれがあると感じます。

この格差を思うとき、私は自分が置かれた恵まれた環境に感謝しなければなりません。看護師という資格が取れたのも、教育を受ける余裕が家にあったから。稼げる人間に育つのは、環境プラス努力でしょう。

すべてが自分の努力の結果と思っては、見えなくなるものがあると思います。

また、**経済的自立といったときに私が気になるのは、自立するのが根本的にむずかしい人の自立の問題**です。看護師という仕事では、つねにこの問題と向きあわねばなりません。精神科での仕事を通じて、**病む中高年の子どもを抱える高齢の親**、という親子をたくさん見てきました。いかに親が抱え込んで生きても、時間的な限界は超えられません。

親はいつか子どもを置いて死ぬ。順当にいけば、そうなるわけです。つねにそれに備えろとはいいません。どの程度備えるかは、その親子が決めればいいことですから。

ただ、**親が保護的にかかわるほど、親がいなくなったときの変化は大きくなります。普段から適度に困りごとがあるくらいのほうが必要な治療ともつながり、よいのかもしれません。**

あるとき、自宅での手洗いが止まらない強迫性障害の三十代の女性とかかわりました。彼女は、止まらない手洗いの合間に踊るような動きをするのですが、母親はその踊りに合わせて手拍子を打ちながら、合いの手を入れています。

彼女は十代後半から、母親を自分の思いどおりに動かしていました。手洗い以外になるべく何もしないですむよう母親をこき使い、おまじないの行為にも参加させていたのです。発病してからの十数年、彼女は母親に生活の多くを代行させ、困ることはありませんでした。仮に母親がもう少し彼女を放っておけば、彼女はもっと早く生活に困り、治療の軌道に乗った可能性があります。

そうすればうまくいったとはいいきれませんが、少なくとも三十半ばで初めて治療をはじめるよりは、治る目があったはず。これだけは確かでしょう。

依存する人、される人

しかし、自立できないで困るのは子どもとは限りません。**親、配偶者、きょうだい、友人。身近な人から頼られ、それが負担になる人**もいるのではないでしょうか。

母の場合は身近にギャンブル依存が止まらない人がいて、その人への支援が、それこそ死ぬまでつづきました。私事で恐縮ですが、他山の石にしていただければと思い、お話しします。

その人は競馬を皮切りに、近年はパチンコ、消費者金融で多重債務となり、会社のお金に手をつけたことも一度ではありません。そのつど母がすべて尻ぬぐいをしては、同じことのくり返し。「金づるになってはいけない」と私が厳しく言うようになってからは、私に隠れて援助するようになってしまいました。

ギャンブル依存については、近年病気としてとらえられ、専門の治療をおこなう病院もありますが、治療はなかなか困難です。アルコールや薬物に比べると、禁断症状による社会的な危険はなく、命を落とすような身体的影響もありません。ただ、身体的な限界がない分、止まらないというので周囲は地獄です。

治す方法としては自助グループが有効で、つねに自制できる暮らしをつくる。これが基本になります。周囲が金銭的に援助するのは絶対にNG。でも、この点はいくら言っても、なかなか母にはわかってもらえませんでした。

う〜〜ん。あるいは、わかっていても止められなかったのか。**依存症を支えてしまう人というのは、その人自身にも、頼られることで自分を保つような弱さがある**といわれています。

母もいろいろバランスの悪いところがあって、それもまた、母の魅力をつくっていました。すべて終わると、あれも母だったのかなとは思うのですが。あのお金を母自身がつかっていればもっと楽しかっただろう。これは残念な点です。

ただ、母自身にも若干《じゃっかん》依存症的な浪費があったので、そちらに回っただけかもしれません。以前から母はテレビの通販番組が大好きで、よいものがあるとどんどん注文を出していました。自分のためのものもありましたが、人への贈り物も多かった。自分が気に入ったものを人にあげるのが、気前のよい母の生きがいだったのです。

こうした母の散財が、少しずつ軌道をはずれてきました。熱が出たり、息苦しさが強くなったり、不調なときには、どうしても思考も変調をきたすのでしょうか。あれは心理的な要因からくる消費だったと思います。

思いつくとがんがん注文するので、家の中はものだらけ。これには苦労しました。代わって目減りするのは所持金で、最後は余命と残高のデッドヒートになりました。

段ボール二箱のショーツに泣く

あるとき、母の家を片付け、**一度もはいていないかわいすぎるショーツが、段ボール二つ分出てきた**ことがありました。さすがにこれは女性の出番。みっちゃん任せにはできません。

一枚一枚一緒に確認して、はけるものとはけないものに分けたのですが、枚数は二百枚超え。どれも母が若いとき好んだタイトなスタイルばかり。最近買ったものも多かったのに、いまはけるものはほとんどなかったのです。

ショーツは何回かに分けて注文されていました。宅配便で届く荷物はみっちゃんやヘルパーさんが片付けてくれていて、どんどんたまったようです。それにしても、なんでこんなに買ってしまったのか。

母に理由を聞いても、なぜこんなにショーツがたまったか、わからないと言います。

おそらく事情はこうでしょう。家の中でも動くのがきつくなった母は、テレビに映った商品をすでに持っているかいないか、確認するのも大仕事だったのです。だから、ほしいと反射的に買ってしまう。その積み重ねが、大量のショーツだったのです。

私はそんな買い物をする母がとても情けなく、大声で怒ってしまいました。

「お金はどんどんつかっていいけど、ゴミになるようなものはやめようよ。もっと楽しくつかってよ」

こうして文章にしてみると、べつに怒るほどの話でもありません。段ボール二個くらい置く場所はあったし、母のお金をどうつかおうと自由。そう思っていました。

でも、**たかだかショーツなのに、私は泣いて怒ってしまったのです。**

この話を、家で寝たきりの母親を介護しながら働いている友人にしたところ、彼女は私の気持ちに強く同意してくれました。

「通販番組は要注意なのよ。目の届かないところで、うちの母もちゃっかり買うの。**巨大な鳩時計を買われて、私も激怒したことがあるわ〜」**

これには笑いました。ショーツ二百枚vs鳩時計。どっちもどっちです。みんな苦労しているんだなあ、と思ったら、気が楽になりました。

母の買い物については、私は依存症的な理解をしているのですが、みっちゃんの見解は少し違います。

あるとき、母より年上の友人が、母に「年をとると、物欲もなくなるのよ」と、枯れた話をしたとのこと。母はそれをとても気にしていて、その友人の死後、「物欲がなくなると死んじゃうのね」と言っていたらしい。そんな話を、みっちゃんから聞いた覚えがあります。

ここからはみっちゃんの推理なのですが、

「吉武さんは、物欲がなくなると死んじゃう、って思っていたんじゃないかなあ。だから、たくさんものを買ってたんだと思うよ」

なるほどそうかもね、と私は思いました。買ったものを顧《かえり》みず、買うことそのものが目的化していたのは、たしかに依存症的な購買です。けれども、その根っこには、**「物欲がある**

限り、生きていける！」という母の執念があったのかもしれません。

人間は理屈《りくつ》に合わない行動をとりうるややこしい生きものです。なかでもいちばんのリスクは欲。とくに、生きつづけたいという欲でしょうか。

これを制御する有効な方法は、残念ながら思い浮かびません。事態を悪くしないためには、このリスクを頭においておくことでしょうか。

「自分探し」から抜け出す

「部下のため」は自分からの解放

私は三十八歳から四―五歳までの約七年間、看護師長という仕事をしていました。昭和六十二（一九八七）年四月に就職した同期は約四十人。看護師長になった平成十三（二〇〇一）年の時点では、残っていたのは私を含めて三人です。

母は私が社会から認められたと感じていたようで、昇格をとても喜んでいました。しかし、私は必ずしもポジティブには受け止めていなかったのです。

ある程度の選別があるとはいえ、看護師長というのは、私にとって「残った者がやらなければならない仕事」という意味合いが強かったといえます。それでも、**部下のため、組織のためと、自分以外の人のために働く意識に変わったのは、とてもよい体験**でした。

子育てを経験せず、介護も短く終わった私にとって、人生におけるさまざまな選択は「自分の気持ちに聞いて決める」、これが基本でした。このことは、自由であると同時に、終わらない自分探しにもつながっていきます。夫との相談はあるにしても、しょせん大人同士の話しあい。最終的には**自分の気持ちひとつなので、つねに自分との対話がつづく**ことになります。

これは考えようによっては自由で贅沢《ぜいたく》な生き方ですが、自分にこだわりつづけるというのはこれ一本で行くと、なかなかつらい。**「自分、自分」とこだわるうち、その自分が何なのか、わからなくなってしまう**のです。

管理職になると、嫌でも自分を脇《わき》において考えなければなりません。たとえば、病棟の方針を決めるうえでは、私自身の信念がそこに反映します。けれども、実際それを実行するのは部下なのですよ。当然、私の信念だけを押し通すのではなく、部下の意向を聞く必要があります。

このように、たえず人の意向を意識しつつ、自分の信念も通しながら、部署全体がうまくいくよう知恵をしぼるのは、意外に楽しい仕事でした。もちろん、うまくいったことは少ないですよ。だから七年しかつづかなかったのですが。

でも、管理という仕事は、結果が問われる反面、プロセスを通して自分の思考を振り返るのが次に生きるんですね。自分へのこだわりを抜けたところで、かえって自分の思考がわかった気がします。

自分、自分とこだわっていては、自分は見えません。自分を脇において他人とかかわると、自分がどんな人間か少しわかってきます。部下との面接では、よく「自分のことは自分がいちばんよくわかっている、というのは違うと思う」と話しました。

人とのかかわりを通して、私たちは自分を知るのです。看護師長として働いた七年間がなければ、私も自分のことは自分がわかっていると疑わず、つねに自分の心に「どう生きるか」を聞きつづけたことでしょう。それではいずれ行き詰まります。私は看護師長として働けたことに、心から感謝しています。

働きつづける女性が増えれば、管理職になる人が増えるのは自然なことです。私自身を振り返っても、管理職になるのは、なかなか思い切りがいることでした。

でも、やはり経験してよかった。もしチャンスがあれば、ぜひ多くの人に経験してもらいたいと思います。

よい上司、悪い上司

看護師長になったとき、私が初めに思ったのは、「自分が嫌だったことはしない。こうあってほしいと思ったことを実現できるようにがんばろう」ということでした。

看護師長になるまでに、私は数人の上司のお世話になり、それぞれの人によい点、いまひとつな点がありました。人間は完全ではありませんから、当然です。私だって絶対に完璧《かんぺき》にはできないでしょう。

まずひとつ、**絶対これだけはやめようと思ったのは、不機嫌になること**です。相手のある話では、自分ひとりでは結果が出せません。でも、これは私自身が決めて実行すればできること。これは絶対にやめようと思いました。

そしてもうひとつは、**威圧と侮辱《ぶじょく》。いわゆるパワハラ**ですね。伝えたいことがあるならば、きちんと伝わるように言語化する。部下とのかかわりではこれが基本だと思います。

いろいろな組織でパワハラが問題になっていますが、病院も例外ではありません。看護師の世界は専門職の常で、多くの職場が非常に教育的な環境になっています。この「教育」というのがくせ者。幼児虐待《ぎゃくたい》がしつけの名の下におこなわれるのと同様、パワハラはたいていの場合、教育の名の下におこなわれるのです。

パワハラに悩む看護師は多く、私も多くの相談を受けます。自分たちがパワハラを正当化しやすい職場にいることを、もっと私たち看護師は自覚しなければいけないと思うゆえんです。

そもそも、不機嫌にせよ、威圧と侮辱にせよ、言葉を尽くさず態度でわかれというのは、上司としてはケチな了見《りょうけん》。そんな怠惰《たいだ》をせずに、もっときちんと言葉をつかえばいいと思うのです。なぜ、できないんでしょうね。

以前から、直属の上司に限らず、上に立つ人のこうした態度は残念でなりませんでした。道徳的見地からというだけでなく、「じつに無駄《むだ》なことをしている」という残念さなのです。

不機嫌にしても、威圧と侮辱にしても、人にプレッシャーをかけるだけでしょう。**管理者に求められる役割は、まず、部下に最大限の能力を発揮してもらうこと。無駄にプレッシャーをかけて萎縮《いしゅく》させるのは、無能な管理**と思わずにいられません。

しかし、こうした考え方はなかなか理解されませんでした。経験年数を重ね、リーダー的な役割を期待されるようになると、「ときには厳しい態度も必要」と上司から言われるようになったのです。

いちばんこれを求められてつらかったのは主任のときでしたが、性分《しょうぶん》としてできないのはどうしようもない。自分としては、きちんと言葉を尽くして伝えればいい、と割り切ることに決めました。

自分が病棟の長になってからは、自分のやり方でできる範囲が増えるから、この点は楽でしたね。主任から看護師長になってよかったと思いました。**上に行くほど責任が重くなる分、権限も増える。これが釣りあっていればいい**のです。

その意味でいえば、主任のときが、いちばんそのバランスが悪かった。責任ばかりが重く権限がないというのは、本当につらい立場です。組織づくりという点では、こうした点に注意が必要だと痛感しました。

「頭のいい人に意地悪な人はいない」

話を不機嫌、威圧と侮辱の話に戻すと、それをする理由は「理性または知性が感情に負けている」、これに尽きるのではないでしょうか。なぜなら、少し考えれば、そんなことをして事態がよくならないとわかるはずだからです。

たとえば、上司が不機嫌になったら、まわりは気をつかいます。もし、いちばん「焼き」を入れたい人が鈍《にぶ》い人だったらどうでしょう。焼きを入れなくていい人ばかりが気をつかう。**不機嫌の効果はあまりにも不確実**です。

さらに、気をつかう人は集中力が削《そ》がれています。そのせいで、思いがけない医療事故だって起こるかもしれません。

実際、深刻な事故が起こる現場の多くは、職員の協力関係に問題があると指摘されています。無用な気をつかわせる不機嫌な上司や医師の存在も、この問題には含まれるのではないでしょうか。

管理職の楽しさは、起こった問題をどうするか、この場をどう切り抜けるか、それを考え、実行できることです。不機嫌な人は感情に支配され、思考は止まっています。これでは知恵はしぼれません。

また**私は、もともと人間の可能性は無限とは思っていません。**努力によって伸びる「伸びしろ」はあるとしても、それぞれの人に限界はあるはずです。

たとえば以前一緒に働いた部下のなかに、極端に書くことが不得手《ふえて》な人がいました。その人は、患者さんとの対応にはなんら問題がないのですが、記録を書くのが苦手。なるべく患者さんのところに行って動き回る業務を希望していました。

そのとき私は、彼女の意を汲《く》み、なるべく希望どおりの業務を割り当てようと決めました。彼女はけっして努力をしない人ではありません。けれども、書くのはたしかに苦手。**不得手**

なことを無理してさせるより、得手なことをやって貢献してもらおうと考えたのです。

もちろん、つねにこのように判断するとは限りません。あくまでも可能性を信じて鍛《きた》えるか。そこそこのところで見切って、気持ちよく働いてもらうか――。これはむずかしい判断です。気長にフォローして、できるようになってほしい。そう判断する場面もあるでしょう。先の彼女のときは、教えてよくなるレベルではないと判断し、あのようにしたわけです。

人を見切るというのは、安易にしては、人の可能性を摘《つ》んでしまいます。けれども、それなしに、人を伸ばそうと鍛える一方では、つぶれる人も出てきます。また、上司のいらいらも募《つの》るでしょう。これが威圧と侮辱につながる面も否定できません。

哲学者のサルトルは、**「頭のいい人に意地悪な人はいない」**という名言を残しました。これはつまり、熟慮して無駄を廃すこと。管理者としては、誰に何を求めるかを明確にし、きちんと伝える態度に尽きます。

不機嫌をまき散らし、威圧と侮辱で人を動かそうとする人は、結局、頭が悪いのです。管理職として人の上に立つならば、自分が与える影響をきちんと理解して、態度に責任を持ってもらいたいものですよね。

そうでない上司の下で働き、いま苦労している人もたくさんいるでしょう。そんなときにも、「頭のいい人に意地悪な人はいない」と心で思いましょう。パワハラする上司は、しょせんバカ。レベルの低い人なのです。

世の中は、なかなか理想どおりにはできていません。働きつづけるには、ときにそんな言葉の武器も必要です。

終わってみれば七年間の管理職経験でした。けれどもこの時期は、私がこれから年を重ねるうえで、実りのある七年間でした。

無理な無理はしない

二十二年間勤務した病院を退職

いまの職場に来て、早くも丸七年がたちました。就職当時、私は博士後期課程に在籍する大学院生。母も存命で、その世話をする都合もあり、自宅近くの精神科病院への就職、そして非常勤の訪問看護師に、という働き方は、必要に迫られての選択でもあったのです。

でも、そのために前の病院を辞めたのかといえば、けっしてそうではありません。まず先に退職を決めた。そして、退職しなければできないことをやろうとの見地から、精神科病院への就職と大学院進学を決めた。これが決断の順序。なによりもまず初めに退職ありきだったのです。

二十二年勤務した病院を去るにあたり、私は一緒に働いた仲間に、以下のような挨拶《あいさつ》文を配りました。

在職中は、本当にお世話になりました。素敵な方と一緒に働けたことに、心から感謝しています。

本当にありがとうございました。

四月から私は、東京女子医科大学大学院看護学研究科博士後期課程看護職生涯発達学専攻に進学し、看護学博士をめざします。看護師が少しでも無理なく、息長く働ける状況をつくるために、自分に何ができるのか。まずはじっくり考えます。みなさんと一緒に泣いたり笑ったりしながら、胸に刻んだ私の大事な宿題。しつこくこだわりつづけますね。

仕事は、自宅に近い病院でつづけます。学業を優先するため、仕事は週に二〜三日パートにしました。三年間で博士を取り、常勤に戻るのが目標です。

さまざまな変化を控えたこの時期に、この病院を去るのは申し訳なく、名残《なごり》は尽きません。

末筆ながら、みなさまのご健康を心から祈っています。

二〇〇九年三月吉日

宮子あずさ

私が退職したのは四十五歳のときでした。きっかけは看護師長として、看護部と次年度の方向性などを詰めていくなかで、どうしても折りあえない点が明らかになったこと。とくに、サービス残業や有給休暇が取れないことを、専門職として当然と考える点に、どうしても同意できなかったのです。

退職を決めたのは平成二十（二〇〇八）年の十二月半ばです。厳しい勤務状況でも、温かい気持ちで働く部下を思うと、後ろ髪を引かれました。にもかかわらず、腹がすぐに決まったのは、このままとどまってもこれまでと同じ力は発揮できない。そう確信したからでした。**人間関係では、大きく互いが変わったわけではないはずなのに、関係性が変わってしまう場合がある**ように思います。このときは、ふとした拍子に、上層部との折りあえない点がわかりすぎてしまった。これは引き返せない変化でした。

職場の関係のなかでも、とくに管理職同士は、互いにリスペクトしあえない関係で、協業はできません。辞める時点で、ここまで明確に思考が整理されてはいなかったのですが、この私の判断は、いまも間違っていなかったと思います。

ただ、病院の名誉のためにつけ加えると、労務管理の問題は医療の世界では当たり前のように見られ、前の職場に限った話ではありません。良心的な医療は、そこで働く職員の奉仕的な尽力でなりたっており、**患者さんにやさしい病院の多くは、働く者にとってはブラック職場。**この現実を、多くの人に知ってもらいたいと思います。

初めて実感した「老い」

それにしても、なぜあのときだったのか。退職して時間がたつにつれて、私は考えるようになりました。退職したこと、それ自体の判断は間違っていなかったと思う。そして、そこにいたるまでのいろいろなことに反省はあっても、後悔はありません。

でもなぜあの時期、私は問題を突き詰めて考え、後に引けなくなったのでしょうか。長時間労働や有給休暇の切り捨てについては、私が就職したころから普通に存在しました。いまにはじまったことではないのに、私はなぜあのとき、それを耐えがたく思ってしまったのか。ここは今後の人生を考えるうえでも、立ち止まって考えたいポイントです。

環境の変化というのも、ひとつの理由にはなると思います。働く看護師の多様化と待遇《たいぐう》の変化が、確実に進んできました。

まず、看護師の大量採用が何度かあり、私のような付属の専門学校で純粋培養《ばいよう》された人間の比率が低下しました。ほかの病院からの転職者が多く働くようになると、「ほかに比べて、有給休暇が取れない」などの不満が多く聞かれるようになります。

また、給与体系が見直され、明らかに昇給が抑えられたのも大きな変化でした。私のころは、若いころ多少ただ働きをしても元が取れるくらい、あとから昇給しました。いまでは、かっちり働いた分はそのときもらわないと、割が合いません。

この環境の変化からさまざまな問題が生じた時期に、相性と加齢という私的な問題が加わりました。環境の変化に加え、この二つがだめ押しになったのだと思います。

まず相性についていえば、私は当時の上司との相性はいまひとつでした。しかし、これは私にとって初めての経験ではありません。上司と部下がぴったり合うなんて、そうそうない話ではないでしょうか。

それでも、たいていの場合は大きな問題にはなりません。上司と部下の関係は一生のつきあいではないのですから。大きな問題がなければ、そこに直面せずにお別れする場合も多いはずです。

ところが、いろいろな問題がつづけざまに起こり、対処しなければならなくなると、そうはいきません。いわば関係が試され、軋轢《あつれき》も生じてしまう。一言でいえば、たまたま間《ま》の悪い不運なキャスティングだった。こう言うほかありません。

この結果、私はわき立つ否定的な感情がコントロールできず、疲弊《ひへい》。最後には過換気《かかんき》（過呼吸）発作《ほっさ》を起こすまでになりました。こうなると、退職以外に道がないように思えました。事実、退職してから、発作の気配もありません。

実際私が退職を決めるにあたり、この身体症状は大きな要素になりました。症状が出るまで私は、そこまで自分が追い込まれているとは思っていなかった。ストレスは人生のつきものと考え、かなり耐性は高いほうと感じていました。

それだけに、身体症状の出現には驚愕《きょうがく》。無理がきかなくなった自分を初めて自覚したショックは、とても大きかったのです。

この無理がきかなくなった自覚こそ、初めて実感した老いにほかなりません。体力的にはさほど変化を感じなかったのですが、**嫌なことは嫌と言いたい、辛抱《しんぼう》のなさこそ気力の衰《おとろ》え。その背後にはおそらく体力の衰えも、潜在していた**のでしょう。気力と体力は、互いに関連しながら、低下していくのでしょうから。別々には語れません。

当時を振り返ると、自分でさえ「なんで辞めたのかな〜」なんて思うんですよ。あの程度のことで辞めるなら、もっと前に爆発していても不思議はない。そんな見方もありえます。でも、若くて気力がある時期は、自分をなだめる元気も残っています。また、相手が気の合う人であれば、好意的に見ようとする力も働きますし。こう考えると、あの年齢で、いよいよ辛抱できなくなった経過には、それなりの理由があるということです。

「嫌いな人は嫌いでいいや」と割り切る

これからの自分の人生を考えたとき、**多少の無理はしても、無理な無理はしない**。これは肝《きも》に銘《めい》じています。私ができることには、限界がある。これは体力・気力の面でもそうですし、この歳《とし》まで来たら、自分が嫌と思うことはなるべくしたくない。そんなわがままな気持ちもあります。

両親を見送り、五十代になったいま、自分の人生もいつか終わると、あらためて痛感しています。人生に限りがあるならば、残された人生は、なるべく自分がこうありたいと思う現在と、こうあってほしいと思う未来のために使いたい。明確にこう考えています。

それでもとくに仕事をつづけていくならば、そうそう人や状況を選んではいられません。不本意なことだって、ときにはしなければならない。そんなときどう対処するでしょうか。

まずはっきりいえるのは、**相性と限界を自覚すること**。これが基本です。

相性については、同じことを言われても、「なるほどなあ」と思える人と、「なんであんたにそこまで言われるんだ」と思う人がいたりして、相性の恐ろしさを痛感してきました。そして、これがあること自体、私はどうしようもないとあきらめています。

だったら、ある人が好きでないなら、自分がその人に対してフェアではないと自覚する。つまり、**相手が嫌いだということを認め、けっして隠蔽《いんぺい》しない**。これが基本です。

人間は、自分がある人を嫌っているというのは、なかなか認めがたいもの。しかし、隠蔽するほど、事態はこじれます。

なぜかといえば、隠蔽しても相手を好きにはなれず、かえって好きになれないやましさばかりが増すように見えます。やがて、相手のなかに嫌いになるもっともな理由を探すようになる――。こうなると、どんどん嫌な部分が目につき、関係は悪化の一途をたどります。

これを避けるためには、自分が嫌っているという事実を認める。これに尽きます。冷静になれば、「あの人の悪いところばかりが目についていて、いいところが見えなくなっているのだ」と考えられるのではないでしょうか。

このやり方に変えて以降、私はめったに人への否定的な感情をこじらせなくなりました。**「嫌いな人は嫌いでいいや」と思ってしまえば、まあまあ普通に相手とかかわれる**。少なくとも、嫌いという感情を隠蔽しているころよりは、相手の悪いところも目をつぶれます。

　このように振り返るには、もちろん時間が必要でした。辞めた当初は、勢いもついていたし、辞めたやましさからの自己正当化もあったと思います。「理はこっちにあるんだからね」といった気持ちが強く、対立した人たちへのネガティブな気持ちもありました。

　でも、時間がたつと、そうした私怨《しえん》的な気持ちは想像以上に解消され、いまにいたっています。当時衝突した人を好きにはなれませんが、「お互い、関係が試されてしんどかったですね」とねぎらう気持ちはわいてきました。

　こっちが苦手なら、あっちも苦手。向こうもさぞかしつらかったことでしょう。

　まったく無理のない人生などありえませんが、年とともに、できる無理は限られてきます。無理な無理はしない。いまの感じで、これからもいこうと思います。

「後にくる人」のことを考える

自分がいなくても組織は回る

前の病院を退職するとき、私は多くの人に迷惑をかけることをとても申し訳なく思っていました。ただでさえ管理職の数が足りず、複数の部署の兼務がおこなわれていた時期。私の退職と入れ替わりに昇格があるのもわかっていましたが、その数を足しても、仕事に穴を空けたのは事実だと思います。

かけた迷惑に責任を感じる一方で、**組織というのは、人ひとり抜けてもなんとかなってしまう。**そう感じたのもまた、事実なんですよね。

年度が変われば新しい年度がはじまる。これが組織というものです。この時期に多くのお別れがあっても、「この人がいなくなったらどうなるんだろう」と思っても、なんとかなってしまうものなんですね。

実際、私も送る側として、数限りなく同じ経験をしてきたはずでした。ずっとこの人の下で働きたいと思っていた婦長さんが転勤するとき。長年一緒に働いてきた同期が故郷に帰るとき。十年以上一緒に働いてきた人間的にすばらしい精神科医が退職するとき。

「この人たちがいなくなったら、自分はここで働いていけるかな」そう思うほどのお別れをへても、それはそれでなんとかなってきました。私ひとりが辞めたところで、組織は変わらない。そして残る人も、やがては忘れていくのです。

以前、自営業の友人が交通事故で半年以上寝たきりになってしまい、それをきっかけに「ああ、絶対に穴を空けられない仕事なんてそうそうないもんだと悟《さと》ったよ」。そう話していたことを思い出しました。

自営業でさえそうなのですから、組織はなおさらです。究極のところ、人ひとりいなくなっても、埋まらない穴は、仕事の世界にはないのかもしれません。

自分が辞めても組織は回る。これを実感したのは、私にとってとても大きかったですね。

なんか無性に淋《さび》しい反面、ほっともし、そしてこうも思いました。

――『自分ががんばらないと！』と思い込み、必死にやってきたのは何だったんだろう。自分なんていなくったってなんとかなっちまうのに。

それがわかった以上、もう、以前と同じ熱さで「自分ががんばらないと！」とは思えません。むしろ現実を伝えることで、がんばりすぎ、燃え尽きる人が少しでも減ってくれれば。これがいまの気持ちです。

組織にとっての個人は、いくらでも取り替えがきく。これが事実です。抜けられてしばらくは困っても、最終的になんとかなってしまうでしょう。でも、ひとりの人としての個人は、家族や友人にとって、かけがえのない存在です。

本当に大事なのは、組織のなかの自分ではありません。ひとりの人としての自分。これを実践《じっせん》するのはむずかしいわけですが、この優先順位は、心のなかでしっかり持ちつづけたいと思うのです。

「後で・みんなが楽にできる仕事」

こんなふうに、一時はちょっと虚無《きょむ》的にもなったのですが、時間の経過とともにそれなりのまとめもできてきて、いまでは「**自分のどんな仕事がお役に立てたかな**」と、そんなことをよく考えます。

私が前の病院にいたとき、いちばん多くの人のお役に立てた仕事を挙げるなら、部下を評価する人事考課用のシート。これが一番に挙がることでしょう。

平成十三（二〇〇一）年十月、看護師長に昇格してすぐにつくりはじめ、なにより先に仕上げました。年明けすぐから準備する、次年度の個人目標の立案時から、このシートを使いたかったからです。

当時の人事考課は、期初に立てた個人目標の達成度や勤務態度など、いくつかの項目ごとに五段階で評価。最終的に賞与や昇給にかかわる評価が決まる形でした。

相対評価ではなく絶対評価のはずなのですが、たくさんの人にいい評価をしても通らないのが現実でした。そこで、あらかじめ最終評価の配分を決め、それに合うよう各項目の数字を操作する必要が出てきます。

もともとの人事考課用のシートも「エクセル（表計算ソフト）」で作成されてはいましたが、手で書き込むもの。単なる記入用の書式として配付されていたにすぎません。そこで私はエクセルの機能を生かし、各項目の評価を入力すると自動計算がおこなわれ、最終的な評価が決まるようデータを集計する数式を組み込んだのでした。

運用テストでうまくいってからは、先輩師長さんたちにこれを配付し、とっても喜んでいただきました。実際、電卓をたたく手作業での集計は、手間も時間も非常にかかります。自動計算は間違いがなく、大幅に時間を短縮できたことでしょう。

しかしこの仕事、意外にすっきり終わりませんでした。うまくできたと自信作をお届けしても、ほかの人が使うと、思わぬバグ（コンピュータプログラムに含まれる誤りや不具合）が発覚。判明するたびに修正してまたファイルを配り、確実にできあがったのは一年以上たってからでした。

コンピュータにくわしく、プログラムも書ける夫によれば、これは実際にプログラムを書いて配付すると、起こる現象だそうです。プロの制作者は、つくる過程で弱点に気づき、それを回避するように上手に使うこともできる。だから不具合は起こりませんが、そんなことはわからない素人が手加減なく使うと、すぐに壊れたりするそうなのですね。

そういわれると、私の自動計算シートも当てはまるような気がしました。けっしてエクセルを熟知しているわけではないのですが、熱心につくった愛着あるシート。私も無意識に弱点を回避して使っているのかもしれません。

文章もそうですが、事情がわからない第三者に見てもらうのって大事。つくり込んだファイルも同様なんですね。これ、とても勉強になりました。

看護師として二十二年働いた病院で、自分が役に立った仕事を考えたとき、初めに挙がるのがエクセルの自動計算シート。「患者さんの話じゃないんですか？」と意外に感じる人も多いかもしれません。

印象深い体験ということであれば、まず患者さんとのかかわりが出るでしょう。忘れられない話は、もちろんたくさんあります。でも、**患者さんに対しては、絶対自分が役に立ったという気持ちって、めったに持てないんですよ。**

部下とのかかわりも同様。やはり、人間同士の関係はむずかしいものです。それだけに、掛け値なしに喜んでもらえた自動計算シート。この体験は、本当にうれしかったですね。

そして、この仕事には、私が理想とする仕事のあり方がこもっていました。

私は、**いまどんなに苦労しても、同じ作業をくり返さずにすむようにして、そのやり方をみんなで共有したい。**そう考えて、仕事のやり方を考えるようにしています。

理想は、「後で・みんなが楽にできる仕事」。一定の時間が節約できるツールをみんなで共有すれば、多くの時間が節約できるでしょう。こうした仕事のやり方を、後輩にも伝えていく。ささやかな成果でも、この姿勢は、これからも大事につづけたいと思っています。

席をゆずることも人育て

前の病院を辞めるとき、いろいろな人に配った挨拶状には、「三年間で博士を取り、常勤に戻るのが目標です」と書きました。ところが、目標より一年余計にかけて博士号を取り、さらに三年が過ぎたいま、私は相変わらず非常勤のまま精神科病院で働いています。

おそらくこの先、私が常勤で働く可能性は、限りなく低いといえるでしょう。理由のひとつは、病院勤務に加え、研究、著述にも力を入れたいから。もうひとつの理由は、部下を置いて辞めてきた自分の責任として。別の病院の常勤として働くことを潔《いさぎよ》しとできない気持ちが、どうしても捨てられないからです。

後者の理由は、私の精神世界の話なので、特段強調するほどの話ではありません。重要なのは前者の理由。**体力的な無理がきかなくなることを考えれば、やりたい仕事のなかで、多少比率を変えていく。これはやむをえない調整**だと割り切りました。

人生が期限付きである以上、自分の仕事を後の人にどれだけ引き継ごうとするか。ここは考えどころです。あえて引き継がない、という考え方もあって、私の文章などを通じて何かが自然に引き継がれる。その可能性に任せるのも、悪くはない考え方かもしれません。

その一方で、私がこうして働いているのも物書きの先輩である母のほか、看護師としてさまざまな知を引き継いでくれた先輩たちのおかげ。それを思うと、私も後輩にそのバトンを渡さなければいけないな、と。そんなことを考えるようになりました。

とくに、博士号を取ってからは、大学や病院で研究に取り組む看護師への研究指導をおこなう機会も増えています。せっかく機会をいただけるのであれば、きちんとした指導をしたい。そんな気持ちが強まりました。

私自身、働きつづけるなかで壁に当たったときには、いろいろな形で学び、自分の引き出しの中身を増やして乗り越えてきました。同じような動機で学びたい人は増えています。学ぶ看護師への支援を今後もつづけたいと思います。

こうした積極的支援に加え、私は、後の人のために座をゆずる、という消極的支援もしたいと考えます。

前の職場を辞めてあらためて思ったのですが、私が辞めたことで、看護師長という役職の席は確実に空きました。私の代わりに上がった誰かは必ずいるし、それ自体はとても喜ばしいことだと思うのですね。

何歳になっても元気で、生涯現役。これはこれですばらしいことです。一方で、みんながそうだったら、後継者が座る席がない。やはり**ほどよい時期に席をゆずる。これもまた、人**

を育てることなのではないでしょうか。

これからの自分の働き方は、座を占めず、場にかかわること。若い人の邪魔をしないように、支援したいと思っています。願わくは、いまの気持ちを忘れないように老いることができますように。これがなかなかの難関と見ています。

他人の人生を気にしない

三つのフィールドで生きる

大学院を修了したのは、平成二十五（二〇一三）年三月。五十歳を迎える三ヵ月前でした。常勤で病院に勤める計画はとりあえずやめ、臨床、著述、研究を、そのつどバランスをとりながらつづけていく生活を選んで、三年が過ぎました。

もう少し研究に力点を置かないと——などと、反省は尽きません。基本的にいまの人生は、とても気に入っています。

七年前に以前の病院を辞めたとき、私は先々の人生がとても不安でした。その一番は、収入です。夫婦二人のわが家は、自分で稼げないのは猫一匹だけ。経済的には恵まれていて、互いの稼ぎだけでも二人で暮らせる計算です。

ですから、私の収入が仮に一時的になくなっても、夫の収入で暮らせるでしょう。でも、この事実が逆に、そのまま働かなくなってしまうことへの不安となり、なにがなんでも稼ぎたいと強く思いました。

二十二年間働き管理職になっていた病院時代の給与はそれなりに高額で、転職による収入減は覚悟していました。常勤で、経験年数を加味してもらっても、収入は半減に近い額になりました。これは管理職手当がなくなる以上に、いまの給与体系からスタートすることによる下げ幅が大きいと感じました。

これは退職前からわかっていた点ですが、やはり長く働いている人間は得をしているんですね。給与体系を変える際にも、既得権はある程度守られ、新しい人から適用されますから。若い人を搾取《さくしゅ》してはいけないという気持ちが、ますます高まりました。

以来、退職を考えて相談を持ちかけられたときには、この経験を伝えています。長く働いてきた人ほど、収入の面はきちんと計算しなければなりません。私の経験を聞いて、退職を思いとどまった人多数。これも経験の生かし方のひとつと考えています。

大幅収入減の現実をあらためて確認し、私の腹は決まりました。どうせ常勤でも収入が減るのであれば、お金より時間をとって、短い期間で大学院を修了しよう。そう思ったのです。大学院の学費は年に百二十万円。常勤で給与が多少増えても、在籍期間が伸びれば、たいしたプラスにはなりません。

さいわい私の場合、著述や講義の仕事に病院で働く給与を足せば、自立して暮らせるだけの稼ぎは出そうでした。わが家は夫婦で生活費を出しあって、共通の財布をつくっています。この納入金額は同額。いまの生活になっても、この形は維持しています。

看護師の平均年収は、大まかに計算して約五百万円といわれています。もちろん大まかな計算ですから、地域差や年齢差は無視された値《あたい》。ただ、首都圏の病院で働いている身としては、なんとなくそんなもんだろうなという値にはなっています。

そこで私の目標は、税制上の細かい話は抜きにして、税引き前の金額で、この年収五百万円以上としました。著述や講義は、依頼がなければ発生しない仕事。この数を見ながら、出勤日を調整し、目標をクリアするようにしています。

フリーで働く知人にこの額を話したら、高いと驚愕されました。けれども、三十年近く働いている看護師の目標としては、けっして高すぎない。これは私の、看護師という仕事への自負でもあります。

退職で得たもの、失ったもの

このように、最大の懸念《けねん》だった経済的不安はいまのところクリアされています。予想以上に著述や講義の仕事が増え、職場にも恵まれています。これは七年前の退職があってこその生活であり、その意味では、私の選択は予想以上の結果を出しているといえます。

それでもなお、あの退職で大きな何かを失った。その喪失感《そうしつ》は、いまもなくなることがありません。私が失ったもの。それは、「ひとつの病院だけで働きつづけて定年を迎える」可能性でした。

前述のとおり、私が勤務していた病院は運営母体が変わり、私の退職から五年たった平成二十六（二〇一四）年四月に、新病院へと移行しています。移行にあたってはいったん全員解雇で、退職金も支給されました。

私も残っていればいったん退職したわけで、厳密な意味での、「ひとつの病院だけで働きつづけて定年を迎える」はできなかったことになります。けれども、この事実はなんら慰《なぐさ》めにはなりません。仮にあの時点で退職していなかったら、たとえ病院の組織が変わっても、私は「ひとつの病院で働いている」という意識を持ちつづけたと思うのです。

看護師は免許商売で、転職は比較的自由です。看護師不足といわれる状況がつづく限り、働く場所には困らないでしょう。ですから、「いろいろな病院で働いてこそ得られるものが大きい。ひとつの病院で働きつづけるのは無意味」と考える人も多く、そうした考えもあっていいと思います。

でも、ほかの人の意見を肯定できるからといって、自分がその意見になるかといえば、それは別問題。人間の成熟度は異なる意見を持つ人への寛容《かんよう》さにもあるわけで、こうした二面的な態度は、むしろ好ましいものだと考えます。

実際に私自身、**別の病院で働き、視野が広がった**と感じています。複数の病院で働く経験と、ひとつの病院だけで働く体験は、けっして両立しません。にもかかわらず、喪失感はなくならない。私のなかには、いまの病院に来てよかったと思う気持ちと、「ひとつの病院だけで働きつづけて定年を迎える」ことができなくなった喪失感が、いまも同居しています。

こうして文章にしてみて、あらためてわかったことがあります。たぶんこの喪失感は、私の価値観、あるいは美学にかかっている。これはメリット・デメリットという効率性とは次元が異なるため、ほかのやり方にメリットがあると理解したところで、けっして解消しないのです。

こう思うようになった根っこは、幼いときからの安定志向でしょう。収入のアップダウンが大きい家庭で育ち、私は小さいころからお勤めをしたい、と思っていました。看護師として前の病院に就職するとき、これで一生食っていける、経済的に自立した女性の人生が歩める、と心から恩義を感じたのでした。

それこそ働きはじめるときから決めていた、**「ひとつの病院だけで働きつづけて定年を迎える」**という目標。これはもう、私にとって自明の方針であり、疑う余地はありませんでした。先ほど価値観あるいは美学と書きましたが、もはやこれは私の肉体に溶け込み、体質に限りなく近くなっていたと思います。

私はこれからも、たぶんこの喪失感は忘れないと思います。そしてそれはそれでいいのではないか。私の一部なのだから。人生にかなわぬ願いはつきものです。喪失の体験は、それだけかけがえのないものがあった事実につながるのですから。

これはこれで、大事な私の一部。これからも持っていこうと思います。

「まあ、いいかな」と言える人生

このように、失ったものがあることも踏まえて、私はいまの生活に満足しているといえます。これは、とても恵まれた状況ですが、それでも**他人《ひと》の人生が気になり、自分が見劣りす**

るように感じることがあります。

こうしたときの自分は、たいてい疲れたり、体調がいまひとつだったりして、とても低調。このコンディションでは、いい考えはどうしても浮かびません。

対処としては、休養や気分転換をして、調子を整える。低調な状態で考えすぎるのは、むしろ有害です。「考えないほうに努力しよう」と思うと、気持ちの向きが少し変わるように思います。

そして、きちんと考える力が戻ったら、あらためて、自分がこれまでの人生で経てきた選択を振り返ってみます。その選択には、あとから考えると別の道があったかもしれない。でも、それを選ぶ時点では結果はまだ出ておらず、不確定な未来への不安のなかで、一生懸命下した結論だったのではないでしょうか。

そして、選択する時点で、自分が何を大事にしていたのか。結果として何を得て、何を捨てたのか。これについても考える価値があります。

前述した退職についての逡巡《しゅんじゅん》も、こうした思索のケーススタディーのひとつでしょう。退職して得られたものがある一方で、捨てたものもある。そしてそのどちらも、自分にとっては捨てがたいものだったということです。

残念ながら、いまの病院で働くことと、前の病院を辞めずに働きつづけることは、二者択一です。両方を取ることはできません。退職というひとつの行為について、する・しないを同時には選べないわけです。

このことは、人生における、多くの選択に当てはまるのではないでしょうか。私の場合であれば、子どもを持つか、持たないかという選択は、まさにこの二者択一でした。

結論として、私たち夫婦は子どものいない人生を選び、この選択に後悔はありません。

女優の山口智子《やまぐちともこ》さんが雑誌『ＦＲａＵ』（二〇一六年三月号）のインタビューで、自身の子どもを産まない選択について肯定的に語り、大きな話題になりました。このときの彼女の言葉は、まさに私自身も思っていたこと。

「私はずっと、子どもを産んで育てる人生ではない、別の人生を望んでいました」

「自分の選択に微塵《みじん》の後悔もないです。夫としっかり向き合って、二人の関係を築いていく人生は、本当に幸せです」

少子化の問題が声高《こわだか》に語られるなかで、子どもを持たない人生のよさが、語りにくい状況があると感じます。でも、だからこそ、彼女の発言に私はとても励まされました。同じ気持ちの方は、多いのではないかと思います。

私は子どもを持たなかったからこそ、多くの仕事にチャレンジできたし、いまの位置にいると考えます。また、圧倒的に女性に子育ての負担がかかる状況で子どもを持てば、その不平等から、私と夫との関係は悪くなったと確信します。

結果的に私は、子どもよりも夫婦の愛情を取りました。その選択に、まったく後悔はありません。議論の材料としては、さまざまな見地から異論や疑問はあるでしょう。たとえば、子どもがいたらいたで、別の形で愛情が深まった、とか。子どもから得られるものも仕事に生きたはず、とか。

仮定の話としては、もちろんそれはありうるわけで、これから選択をする人は、こうした意見も参考にすればいいと思います。でも私たちにとっては、すでにその選択は終わった話。べつに他人様に産むなと言っているわけではないのですから、子どものいない夫婦が、「この人生でよかったね」と言ったところで、そうそう非難されるいわれはないと思うのです。

子どもがいてもいなくても、完璧な人生はありません。子どものいる人は、子どものいない人生がわからない。子どものいない人は、子どものいる人生がわからない。これはお互いさま。互いの人生に、敬意を持ちたいものですね。

いまは多くの人が自分の人生を語る時代。子どものいる人が「子どもがいてよかった」と語れ、子どものいない人が「子どもがいない人生もいいもんだ」と語れる。そしてそれが、互いを非難しあう形にならないことが、なによりすてきなあり方ではないでしょうか。

完璧な人生を求める必要はありません。**いろいろ不足もあるけど、まあこれでいいかな。**そんな温度で生きられること。それが私の目標です。

著者略歴

一九六三年、東京都に生まれる。一九八三年、明治大学文学部中退。一九八七年、東京厚生年金看護専門学校卒業。二〇〇〇年に父、二〇一二年に母を見送った。母は評論家・作家の吉武輝子。

一九八七年から二〇〇九年まで東京厚生年金病院（現ＪＣＨＯ東京新宿メディカルセンター）に勤務し、内科、精神科、緩和ケアなどを経験。看護師長も七年つとめた。勤務のかたわら大学通信教育で学ぶ。二〇一三年、東京女子医科大学大学院博士後期課程修了。博士（看護学）。現在は精神科病院で訪問看護に従事するかたわら、大学非常勤講師、執筆活動をおこなう。

著書には『看護師という生き方』（ちくまプリマー新書）、『あたたかい病院』（萬書房）、『訪問看護師が見つめた人間が老いて死ぬということ』（海竜社）などがある。

両親《りょうしん》の送《おく》り方《かた》

——死《し》にゆく親《おや》とどうつきあうか

二〇一六年八月七日　第一刷発行

著者　宮子《みやこ》あずさ

発行者　古屋信吾

発行所　株式会社さくら舎　http://www.sakurasha.com

東京都千代田区富士見一-二-一一　〒一〇二-〇〇七一

電話　営業　〇三-五二一一-六五三三　ＦＡＸ　〇三-五二一一-六四八一

編集　〇三-五二一一-六四八〇　振替　〇〇一九〇-八-四〇二〇六〇

装丁　アルビレオ

装画　村田善子

印刷・製本　中央精版印刷株式会社

ISBN978-4-86581-062-2